# OWSKI

# BUKOWSKI

## Sobre a escrita

Organização
Abel Debritto

Tradução
Isadora Sinay

Rio de Janeiro, 2023

Copyright © 2015 by Linda Lee Bukowski. All rights reserved.
Copyright da tradução © 2023 por Casa dos Livros Editora LTDA. Todos os direitos reservados.
Publicado mediante acordo com a Ecco, um selo da HarperCollins Publishers.
Título original: *On Writing*

Fotos são cortesia de Linda Bukowski.

Todos os direitos desta publicação são reservados à Casa dos Livros Editora LTDA. Nenhuma parte desta obra pode ser apropriada e estocada em sistema de banco de dados ou processo similar, em qualquer forma ou meio, seja eletrônico, de fotocópia, gravação etc., sem a permissão do detentor do copyright.

Publisher: *Samuel Coto*

Editora executiva: *Alice Mello*

Editora: *Lara Berruezo*

Editoras assistentes: *Anna Clara Gonçalves e Camila Carneiro*

Assistência editorial: *Yasmin Montebello*

Copidesque: *Bonie Santos*

Revisão: *Rayana Faria e Suelen Lopes*

Design de capa: *Flávia Castanheira*

Ilustração de capa: *Bettina Bauer*

Diagramação: *Abreu's System*

---

Dados Internacionais de Catalogação na Publicação (CIP)
(Câmara Brasileira do Livro, SP, Brasil)

Bukowski, Charles, 1920-1994
Sobre a escrita / Charles Bukowski ; tradução Isadora Sinay. – 1. ed. – Rio de Janeiro : HarperCollins Brasil, 2023.

Título original: On Writing
ISBN 978-65-6005-061-7

1. Correspondências 2. Literatura norte-americana I. Título.

23-164015 CDD-813

---

Índices para catálogo sistemático:
1. Literatura norte-americana 813

Eliane de Freitas Leite – Bibliotecária – CRB-8/8415

Os pontos de vista desta obra são de responsabilidade de seu autor, não refletindo necessariamente a posição da HarperCollins Brasil, da HarperCollins Publishers ou de sua equipe editorial.

HarperCollins Brasil é uma marca licenciada à Casa dos Livros Editora LTDA.
Todos os direitos reservados à Casa dos Livros Editora LTDA.
Rua da Quitanda, 86, sala 218 – Centro
Rio de Janeiro, RJ – CEP 20091-005
Tel.: (21) 3175-1030
www.harpercollins.com.br

# Sumário

SOBRE A ESCRITA                                        9

NOTA DA TRADUTORA
por Isadora Sinay                                    241

A CASCA DURA DE UM PÁSSARO AZUL
por Nara Vidal                                       245

COMO UM MONGE BÊBADO
por Luiz Antonio de Assis Brasil                     251

AGRADECIMENTOS                                       255

# 1945

*Hallie Burnett era coeditora da revista* Story, *na qual Bukowski foi publicado pela primeira vez em 1944.*

[PARA HALLIE BURNETT]
FIM DE OUTUBRO DE 1945

Recebi sua recusa de "Whitman: sua poesia e prosa" junto com os comentários de seus pareceristas.

Parece algo legal.

Se você vier a precisar de um parecer extra, por favor me avise. Não consigo encontrar emprego em lugar nenhum, então acho que não custa nada tentar com você também.

---

\* Os erros de digitação originalmente cometidos pelo autor foram mantidos ou adaptados nesta edição para fins de fidelidade à obra. [N.E.]

# 1946

*Crosby publicou um dos primeiros contos de Bukowski, "20 Tanks from Kasseldown"* [20 tanques de Kasseldown, em tradução livre] *na terceira edição de* Portfolio: An International Review *em 1946, junto a nomes como Henry Miller, Jean-Paul Sartre, Federico García Lorca e Kenneth Rexroth, entre outros. Henry Miller era o editor-assistente de textos de prosa na época.*

[PARA CARESSE CROSBY]
9 DE OUTUBRO DE 1946

PHILA, PA
OCT. 9, 1946

DEAR MRS. CROSBY:

I WAS WORKING IN A PICTURE FRAME FACTORY

AND DRINKING, WHEN YOU ACCEPTED ONE OF MY STORIES

IN THE LETTER YOU SAID, IT "WAS PUZZLING AND PROFOUND.

SOBRE A ESCRITA

I LOST MY JOB.

MY FATHER BOUGHT ME A NEW SUIT AND SHIPPED ME TO PHILADELPHIA

I LIVED ON SOCIAL SECURITY, HAD TOO MUCH TIME TO THINK AND DRINK –

I KEPT WONDERING ABOUT PORTFOLIO.

I WROTE DIVERS CONTUMELIOUS NOTES, LOOKING UP FRENCH WORDS IN THE BACK OF MY DICTIONARY. I WANTED A COPY OF PORTFOLIO, WITH MY STORY IN IT. I HAD THE CRAZY BLUES, THE SUICIDAL MANIA, THE WINE DREAMS. I NEEDED A SPIRITUAL LIFT. I WAS ENTHUSIASTIC IN MY DEMANDS, AFTER SEVERAL INTERCHANGES, I GOT IT (PORTFOLIO)

II

# BUKOWSKI

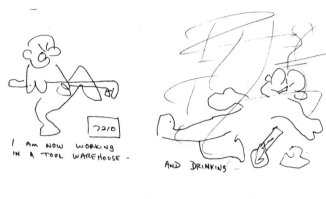

I AM NOW WORKING IN A TOOL WAREHOUSE —

AND DRINKING —

YET I KEEP WONDERING. WHERE ARE THOSE STORIES AND SKETCHES I SENT HER IN MARCH 1946? IS SHE ANGRY? IS THIS HER REVENGE? DID SHE BURN MY THINGS? DID SHE MAKE THE PAGES INTO PAPER BOATS FOR THE BATHTUB? OR DOES HENRY MILLER SLEEP WITH THEM UNDER HIS MATRESS?

    I CAN WAIT NO LONGER.
    IF I RECEIVE NO ANSWER, I'LL HAVE MY ANSWER.

        TRULY,
        Charles Bukowski
        603 N. 17 TH. ST.
        PHILA, 30, PA.

## SOBRE A ESCRITA

Filadélfia, PA, 9 de outubro de 1946

Querida sra. Crosby,

Eu estava trabalhando em uma fábrica de molduras
E bebendo, quando você aceitou um dos meus contos
Na sua carta você disse que ele "era intrigante e profundo"
Perdi o emprego
Meu pai me comprou um terno novo e me despachou pra
Filadélfia
Eu estava vivendo de assistência social, tinha tempo demais
para pensar e beber...
Ficava pensando sobre a *Portfolio*
Eu escrevi *divers* bilhetes ignominiosos, procurando palavras
francesas no final do meu dicionário. Queria uma cópia da *Portfolio*
com meu conto nela. Estava na deprê louca, na mania suicida,
nos sonhos de vinho. Precisava de um impulso espiritual, fui
entusiasmado em minhas exigências.
Depois de várias idas e vindas, consegui (a *Portfolio*)
Agora estou trabalhando em um armazém de ferramentas
E bebendo
Mas ainda fico pensando. Onde estão aqueles contos e dese-
nhos que eu mandei para ela em março de 1946? Será que ela está
com raiva? Essa é a vingança dela? Ela queimou minhas coisas?
Transformou as páginas em barquinhos de papel para pôr na
banheira? Ou Henry Miller dorme com eles embaixo do colchão?
Não consigo mais esperar.
Se não receber uma resposta, eu terei minha resposta.
Sinceramente,
Charles Bukowski
603, rua 17 norte,
Fila, 30, PA.

[Para Caresse Crosby]
Novembro de 1946

*Preciso* te escrever mais uma vez para contar o quão deliciado eu fiquei em receber aquela foto deliciosa — Roma, 1946 — e seu bilhete. Quanto aos manuscritos perdidos, danem-se eles, eles não eram bons de qualquer forma — exceto talvez alguns desenhos violentos que fiz enquanto me aproveitava dos meus pais em Los Angeles. Mas que fiquem pro vento: eu sou um poeta e tudo o mais.

A bebida ainda me faz vacilar — a máquina de escrever se foi. Mesmo assim, ha ha, imprimo as coisas manualmente à tinta. Consegui me livrar de três belos contos e de quatro poemas insatisfatórios para a *Matrix*, uma "revistinha" um tanto antiquada da Filadélfia.

Eu realmente sou uma pessoa ansiosa demais para pegar carona até Washington para te ver. Eu iria me partir em todo tipo de pecinha quaternária. Mas obrigado, de verdade. Você foi muito correta, muito.

Talvez te mande algo logo, mas não já. O que quer que isso queira dizer.

# 1947

[PARA WHIT BURNETT]
27 DE ABRIL DE 1947

Obrigado pelo bilhete.

Eu não acho que daria conta de um romance — não tenho o impulso, embora já tenha pensado nisso e talvez um dia eu tente. O título seria *Blessed Factotum* [Factótum abençoado, em tradução livre]* e contaria a história de operários de classe baixa, de fábricas e cidades e coragem e feiura e bebedeira. Acho que se eu o escrevesse agora não seria muito bom, no entanto. Eu precisaria me empolgar de verdade. Além disso, tenho tantas preocupações pessoais no momento que não estou em estado de olhar em um espelho, muito menos disparar com um livro. Fiquei, contudo, surpreso e feliz com seu interesse.

Não tenho mais nenhum desenho à caneta, sem história, no momento. A *Matrix* pegou o único que fiz assim.

---

* *Factótum* acabou se tornando o segundo romance de Bukowski, publicado em 1975, e narra os eventos que antecedem os de seu primeiro romance, *Cartas na rua*, de 1971. [N.T.]

O mundo agarrou o pobrezinho do Charles pelas bolas ultimamente e não sobrou muito do escritor, Whit. Então ter notícias suas foi bom pra caramba.

# 1953

[Para Caresse Crosby]
7 de agosto de 1953

Hello Mrs. Crosby:

Saw in book review (never really read one, but) your name, "Pail Press."

You printed me sometime back in "Portfolio," one of the earliest (1946 or so?). Well, one time came into town off long drunk, forced to live with parents during feeble clime. Thing is, parents read story ("20 Tanks From Kasseldown") and burnt whole damn "Portfolio." Now, no longer have copy. Only piece missing from my few published works. If you have an extra copy ????? (and I don't see why in the hell you should ~~have~~ have) it would do me a lot of good if you would ship it to me.

I don't write so much now, I'm getting on to 33, pot-belly and creeping dementia. Sold my typewriter to go on a drunk 6 or 7 years ago and haven't gotten enough non-alcoholic $ to buy another. Now print my occassionals out by hand and paint them up with drawings (like any other madman). Sometimes I just throw the stories away and hang the drawings up in the bathroom (sometimes on the roller).

Hope you have "20 TANKS". Would apprec.

love,
Charles Bukowski
268 4/6 S. Coronado St.
Los Angeles, Calif.
(268 1/6 S. CORONADO ST.)

SOBRE A ESCRITA

Olá, sra. Crosby:

Vi em alguma resenha de livro (nunca li uma de verdade, mas) seu nome, "Dail Press".

Você me publicou há um tempo na *Portfolio*, uma das primeiras (1946 ou algo assim?). Bem, uma vez eu cheguei na cidade depois de muito tempo bêbado, forçado a ficar com os pais durante um momento de fragilidade. A questão é, pais leram o conto ("20 Tanks from Kasseldown") e queimaram toda a droga da *Portfolio*. Agora, estou sem exemplares. O único que falta dos meus poucos trabalhos publicados. Se você tiver uma cópia extra????? (e eu não sei por que raios você *teria*) seria ótimo pra mim se pudesse me mandar.

Não escrevo muito mais, estou perto dos 33, barrigudo e com a demência chegando. Vendi minha máquina de escrever para uma bebedeira 6 ou 7 anos atrás e não consegui $ não alcoólico suficiente para comprar outra. Agora imprimo meus eventuais à mão e os pontuo com desenhos (como todos os outros doidos). Às vezes só jogo os contos fora e penduro os desenhos no banheiro (às vezes na cortina).

Espero que você tenha "20 Tanks". Agrade demais.

*Depois de ter rejeitado a poesia de Bukowski várias vezes, Crews, um escritor prolífico, editor e publisher, finalmente publicou um de seus poemas em* Naked Ear *no final de 1957.*

[PARA JUDSON CREWS]
FINAL DE 1953

Você manda as únicas rejeições alegres dos Estados Unidos. É bom receber as notícias atrás daquelas fotos deliciosas. Você é um cara muito bom, gosto de pensar.

Fiquei impressionado com sua última edição de *Naked Ear*. Cheirava a vida e arte muito mais do que, digamos, a última edição da *Kenyon Review*. Isso vem de publicar o que você *quer* publicar em vez de publicar o que é *correto*. Continue assim.

Conheci Janet Knauff ontem. Ela te conhece. Levei-a pras corridas.

[PARA JUDSON CREWS]
4 DE NOVEMBRO DE 1953

Vou ser sincero com você. Você pode muito bem ficar com estes poemas pelo tempo que quiser, porque quando mandá-los de volta só vou jogá-los fora.

Exceto pelos novos, de cima, esses poemas já foram rejeitados pela revista *Poetry* e uma publicação nova, *Embryo*. Comentários favoráveis etc., mas eles não acham que minhas coisas são poesia. Entendo o que querem dizer. A ideia está lá, mas não consigo passar da superfície. Não consigo me acertar com os botões. Não estou interessado em poesia. Não sei o que me interessa. O que não é monótono, acho. Poesia de verdade é poesia morta mesmo que bonita.

Fique com essas coisas pelo tempo que quiser. Você foi o único que demonstrou interesse. Se eu escrever mais, te mando.

# 1954

## [Para Whit Burnett]
### 10 de junho de 1954

6 – 10 – 54

Dear Mr. Burnett:

Please note change of address (323½ N. Westmoreland Av. L.A. 4.), if you are holding any more of my weird masterpieces.

rejected by Esquire

This piece is an expanded version of a short sketch I sent you some time ago. I guess it's too sexy for publication. I don't know exactly what it means. I just got to playing around with it and it ran away with me. I think Sherwood Anderson would enjoy it but he can't read it.
— Mr. Bukowski

Caro sr. Burnett,

Por favor, note a mudança de endereço (323$^1/_2$ Av. Westmoreland Norte, L.A. 4) se estiver com mais das minhas obras-primas bebuns.

Esse trabalho rejeitado pela *Esquire* é uma versão expandida de um rascunho curto que te mandei um tempo atrás. Acho que é sexy demais para ser publicado. Não sei exatamente o que significa. Só estava brincando com ele e ele me levou até lá. Acho que Sherwood Anderson gostaria dele, mas não pode lê-lo.

[PARA WHIT BURNETT]
25 DE AGOSTO DE 1954

Fico triste em saber, por um panfleto que me chegou de Smithtown uns meses atrás, que a *Story* não está mais viva.

Mandei outro conto mais ou menos naquela época, chamado "The Rapist's Story" [A história do estuprador, em tradução livre]*, mas não tive notícias. Como está?

Sempre vou lembrar da velha revista laranja com a faixa branca. De alguma forma, sempre tive essa ideia de que podia escrever qualquer coisa que quisesse e, se fosse bom o suficiente, entraria lá. Nunca tive essa ideia olhando para nenhuma outra revista e, especialmente hoje, quando todo mundo tem esse medo maldito de ofender ou dizer qualquer coisa contra qualquer um — um escritor honesto está em uma merda de um buraco. Quer dizer, você se senta para escrever e sabe que não presta. Muito da coragem se foi agora e muito dos colhões e muito da clareza — e muito da Arte também.

---

* Esse conto foi incluído posteriormente no livro *Absence of the Hero* [Ausência do herói, em tradução livre] e narra os acontecimentos que levam a um estupro pelo ponto de vista do agressor. [*N.T.*]

## SOBRE A ESCRITA

Pelo meu dinheiro, tudo foi pro inferno com a Segunda Guerra Mundial. E não só as Artes. Até os cigarros não têm mais o mesmo gosto. Os *tamales*. Chili. Café. Tudo é feito de plástico. Um rabanete não é mais picante. Você descasca um ovo e, invariavelmente, o ovo sai junto com a casca. Costeletas de porco são cheias de gordura e rosadas. As pessoas compram carros novos e mais nada. Essa é a vida delas: quatro rodas. Cidades só ligam um terço dos postes para economizar energia. Policiais multam como loucos. Bêbados recebem multas atrozes e quase todo mundo que bebeu alguma coisa é bêbado. Cachorros precisam ficar na coleira, cachorros precisam ser vacinados. Você precisa de uma licença de pesca para pegar um peixinho com as próprias mãos e gibis são considerados perigosos pras crianças. Homens assistem a lutas de boxe de suas poltronas, homens que nunca souberam o que era uma luta de boxe, e quando discordam de uma decisão escrevem cartas vis e escandalosas para os jornais, protestando indignados.

E contos: não há nada: nenhuma vida. [...]

A *Story* significava algo pra mim. E acho que vê-la ir faz parte de como o mundo funciona, e eu me pergunto: o que vem agora?

Eu me lembro de quando eu escrevia e te mandava quinze ou vinte contos ou mais por mês e, depois, três ou quatro ou cinco — e no geral, *pelo menos*, um por semana. De Nova Orleans e Frisco* e Miami e L.A. e Philly e St. Louis e Atlanta e Greenwich Village e Houston e todo lugar.

Eu me sentava perto da janela aberta em Nova Orleans e olhar para as ruas de verão à noite e bater nas teclas, e quando vendi minha máquina de escrever em Frisco para ficar bêbado, eu não conseguia parar de escrever e não conseguia parar de beber também, então imprimi minhas merdas à mão por anos

---

* São Francisco. [N.T.]

e depois decorei essa mesma merda com desenhos para você prestar atenção.

Bem, agora me dizem que não posso mais beber e tenho outra máquina de escrever. Tenho um tipo de emprego agora, mas não sei por quanto tempo vou mantê-lo. Estou fraco e fico doente fácil e estou nervoso o tempo todo e acho que tenho uns curtos-circuitos em alguma parte, mas com isso tenho vontade de bater nas teclas de novo, tocá-las e construir linhas, um palco, um cenário, fazer pessoas andarem e falarem e fechar as portas. E agora não tem mais a *Story*.

Mas quero te agradecer, Burnett, por me aguentar. Sei que boa parte do material era fraco. Mas eram bons dias, os dias no número 438 da Fourth Avenue, 16, e agora, como todo o resto, os cigarros e o vinho e os pardais vesgos na lua crescente, tudo se foi. Um pesar mais pesado que piche. Adeus, adeus.

[PARA CARESSE CROSBY]
9 DE DEZEMBRO DE 1954

Recebi sua carta da Itália mais ou menos um ano atrás (em resposta à minha). Quero te agradecer por se lembrar de mim. Me animou um pouco receber uma mensagem sua.

Você ainda está publicando? Se sim, tenho uma coisa que queria que você visse. E, se estiver, eu queria um endereço para enviar: não sei como fazer chegar a você.

Estou escrevendo de novo, um pouco. [Charles] Shattuck da *Accent* diz que não vê como eu poderia encontrar uma editora para as minhas coisas, mas que talvez algum dia "o gosto do público te alcance". Cristo.

Você me mandou um panfleto com um maço ou alguma coisa em italiano ano passado, na sua carta. Você me confundiu com um homem culto: eu não consegui ler. Nem sou um artista de verdade — saiba que sou uma fraude de algum tipo —, meio que escrevo das entranhas do nojo, quase completamente. Ainda assim, quando vejo o que os outros estão fazendo, continuo. O que mais há para se fazer? [...]

Esse factótum tem outro trabalho insignificante. Eu odeio, mas tenho dois pares de sapato pela primeira vez na vida (gosto de me emperiquitar para as pistas — atuar como o verdadeiro personagem que assiste a corridas). Passei os últimos cinco anos vivendo com uma mulher dez anos mais velha que eu. Mas me acostumei com ela e estou cansado demais para procurar ou terminar.

Por favor, me diga seu endereço editorial se ainda estiver publicando e obrigado mais uma vez por ser gentil o suficiente para se lembrar de mim e escrever.

# 1955

[PARA WHIT BURNETT]
27 DE FEVEREIRO DE 1955

Obrigado por devolver os velhos contos; e pelo bilhete anexado.

Estou um pouco melhor agora, apesar de quase ter morrido no setor de caridade do Hospital Geral. Eles com certeza fazem uma bagunça lá e, se você já ouviu alguma coisa sobre aquele lugar, provavelmente é verdade. Passei 9 dias lá e eles me mandaram uma conta de 14,24 dólares por dia. Belo setor de caridade. Escrevi um conto sobre isso chamado "Beer, Wine, Vodka, Whiskey; Wine, Wine, Wine" [Cerveja, vinho, vodca, uísque; vinho, vinho, vinho, em tradução livre] e o mandei para a *Accent*. Eles mandaram de volta: "...um bom banho de sangue. Talvez, algum dia, o gosto do público te alcance".

Meu Deus. Espero que não. [...]

Aliás, no seu bilhete você disse que nunca me publicou. Você tem um exemplar da *Story* de março-abril de 1944?

Bem, tenho 34 anos agora. Se eu não der certo antes dos 60, só vou me dar mais 10 anos.

# 1956

*Harper editava a revista* Experiment, *que finalmente publicou a poesia de Bukowski em 1961. O poema "A Note to Carl Sandburg"* [Um bilhete para Carl Sandburg, em tradução livre] *até hoje não foi publicado;* A Place to Sleep the Night [Um lugar para passar a noite, em tradução livre] *foi abandonado depois que a Doubleday rejeitou alguns capítulos.*

[PARA CAROL ELY HARPER]
13 DE NOVEMBRO DE 1956

Os poemas que você mencionou ainda estão disponíveis — não mantenho cópias e portanto não me lembro totalmente deles, mas fico particularmente feliz por você aceitar "A Note to Carl Sandburg". Esse é um poema que escrevi principalmente para mim mesmo, sem pensar que alguém teria coragem de publicá-lo.

Estou com 36 anos de idade (16/8/1920) e fui publicado pela primeira vez (um conto) na revista *Story*, de Whit Burnett, em 1944. Então alguns contos e poemas em 3 ou 4 edições da *Matrix* mais ou menos essa época e um conto na *Portfolio*. Como você sabe, essas revistas faleceram. E, ah, sim, um conto e alguns poemas em algo chamado *White* que saiu uma ou duas vezes e então desistiram. Então por 7 ou 8 anos escrevi muito, muito pouco.

Eu era um bom bêbado. Acabei no setor de caridade do hospital com buracos no estômago, vomitando sangue como uma cachoeira. Me deram uma transfusão contínua de 4 litros — e sobrevivi. Não sou o homem que era, mas estou escrevendo de novo.

Recebi um bilhete da Espanha ontem, da sra. Hills, me informando que um dos meus poemas foi aceito pela *Quíxote*. E alguns contos e poemas meus sairão na próxima edição da *Harlequín*,[*] uma nova revista que publicou sua primeira edição no Texas e agora se mudou para L.A.. Eles me chamaram para fazer parte do comitê editorial, o que eu aceitei. E é uma bela experiência; aqui vai o que eu aprendi: existem muitos, *muítos* escritores escrevendo que não sabem escrever de jeito nenhum e eles continuam escrevendo todos os clichês, banalidades, tramas dos anos 1890 e poemas sobre a Primavera e poemas sobre o Amor e poemas que eles acham que são modernos porque foram escritos com gírias ou em um estilo staccato, ou escritos com todos os "eus" em minúscula,[**] ou, ou, *ou*!!!... Bem, veja, não posso me juntar ao *Experíment Group*, mas fiquei honrado que você possa ter me chamado. É que só — como você deve saber por causa do seu colapso nervoso — não há tempo suficiente — eu tenho meu trabalho trivial, cansativo, mal pago de 44 horas semanais e estou estudando à noite 4 noites por semana, duas horas por noite, além de mais uma ou duas horas de trabalho de casa. Vou continuar fazendo o curso de Arte Comercial pelos próximos anos, se eu durar (essa é a coisa das aulas à noite), e, além disso, acabei de começar meu primeiro romance, *A Place to Sleep the Níght*. Estou sendo muito detalhista ao te contar tudo isso, porque se eu *não* te mandar algumas peças de um minuto, você vai saber o motivo. Contudo, se eu me conheço, você vai receber algumas tentativas minhas. Não acho, porém, que a forma dramatúrgica me anime como deveria. Veremos.

---

[*] Revista não relacionada à editora homônima. [N.E.]
[**] Em inglês, a palavra "eu" [I] é sempre grafada em maiúscula. [N.T.]

# 1958

*Os quatro poemas mencionados a seguir foram publicados na primeira edição da* Nomad *em 1959.*

## [PARA OS EDITORES DA NOMAD]
### SETEMBRO DE 1958

Fico satisfeito por vocês terem encontrado 4 poemas de que gostaram. Esse é um belo número de atacado e uma injeção na veia por um bom tempo. Ou o campo da poesia está se abrindo ou eu estou, ou ambos estamos. De qualquer forma, é agradável e eu preciso me permitir um sentimento de agrado de vez em quando. [...]

Sobre mim, devo parecer bem velho para começar na poesia: fiz 38 no último 16 de agosto e me sinto, pareço e ajo como se tivesse bem mais. Venho trabalhando com poesia nos últimos anos, depois de um branco de cerca de 10 anos, autoimposto, eu acho, e bastante infeliz, mas não sem seus momentos. Não sou do tipo que olha para o desperdício voluntário como perda total — há música em tudo, mesmo na derrota —, mas acabar em um leito de morte no setor de caridade me deixou um pouco mais lento, me deu aquela velha pausa para pensar. Eu me peguei escrevendo poesia: que ótimo estado. Eu estava, nos meus velhos tempos, trabalhando com o conto e recebendo um bom incentivo de Whit Burnett, descobridor de W[illiam] Saroyan e outros e fundador da então famosa revista *Story*. Whit finalmente aceitou um — eu mandava para ele 15 ou 20 contos por mês e quando eles voltavam eu os rasgava — lá em 1944, quando eu era doce, feroz e tinha 24 anos. Consegui 3 ou 4 histórias na *Matrix* e uma em uma revista internacional da época chamada *Portfolio* e então eu meio que joguei tudo pro alto até uns anos atrás, quando comecei a escrever exclusivamente poesia. Durante o primeiro ano, ninguém mordeu, e então eu fui publicado (e, com isso, estamos atualizados) na *Quixote*, na *Harlequin*, na *Existaria*, na *Naked Ear*, no *Beloit Poetry Journal*, na *Hearse*, na *Approach*, na *Compass Review* e na *Quicksilver*. Tenho trabalhos aceitos para publicação futura na *Insert*, na *Quixote*, na *Semina*, na *Olivant*, na *Experiment*, na *Hearse*, na *Views*, na *Coercion Review*, na *Coastlines*, na *Gallows* e no *San Francisco Review*. A *Hearse* vai publicar um livrinho com meus poemas, *Flower, Fist and Bestial Wail* [Flor, punho e lamento, em tradução livre] no início do ano que vem... Eu frequentei a L.A. City College quando era jovem e fiz um curso de Jornalismo, mas o mais perto que cheguei de um jornal é a cada 2 ou 3 dias quando folheio um sem muito interesse. Voltei a estudar à noite lá mais ou menos um ano atrás e fiz umas aulas de arte, comercial e não comercial, mas eles iam devagar demais para mim e queriam obediência demais. Não tenho nenhum talento ou profissão definidos, e como sigo vivo é no geral uma questão de mágica. É meio que isso — você pode tirar as poucas linhas de que precisa disso aqui.

# 1959

[PARA ANTHONY LINICK]
6 DE MARÇO DE 1959

[...] Imagino que muitos dos nossos poetas, os honestos, confessarão não ter nenhum manifesto. É uma confissão dolorosa, mas a arte da poesia carrega consigo seus próprios poderes sem que seja necessário esquematizá-los em listas críticas. Não quero dizer que a poesia deveria ser um palhaço libertino e irresponsável jogando palavras no vazio. Mas a sensação de um bom poema carrega sua própria razão de ser. Estou ciente da Nova Crítica e da Mais Nova Crítica e da escola de pensamento da Guitarra Azul, a escola inglesa promovida por Paris Leary, a escola de imagem forte da *Epos* e da *Flame* etc. etc., mas todas essas são exigências de estilo, forma e método em vez de conteúdo, embora haja alguma restrição aqui também. Mas, em primeiro lugar, a Arte é sua própria desculpa, e ou é Arte ou é outra coisa. Ou é um poema ou é um pedaço de queijo.

O *"Manifesto: A Call for Our Own Critics"* [Manifesto: Uma chamada para nossos próprios críticos, em tradução livre] *de Bukowski foi publicado na* Nomad *volume 5/6, de 1960.*

## [Para Anthony Linick]
### 2 DE ABRIL DE 1959

[...] Já que estou escrevendo, eu deveria mencionar que o ensaio "manifesto" que enviei ontem (acho) agora está me incomodando. Embora eu não tenha o texto aqui, acredito que tenha usado a frase "deixe-nos ser justos". Isso tem tirado meu sono neste apê quente e solitário (as putas estão transando com idiotas menos autocentrados neste momento). Acredito que "sejamos justos" seja mais correto. É mesmo? Algum gramático na *Nomad*? Na minha juventude (ah, como voam os anos!) tirei um D em Inglês I na velha e querida L.A.C.C. por chegar todo dia às 7h30 da manhã de ressaca. Não era a ressaca tanto quanto o fato de que a aula começava às 7h, normalmente com uma peça muito alta de Gilbert e Sullivan,[*] o que, eu tenho certeza, teria me matado. Em Inglês II tirei um A ou um B porque a professora era uma mulher que sempre me pegava olhando para as pernas dela. Tudo isso para dizer que não prestava lá muita atenção em gramática e quando eu escrevo é por amor à palavra, à cor, como jogar tinta em uma tela e usando muito o ouvido e, tendo lido um tanto aqui e ali, eu normalmente me saio ok, mas tecnicamente não sei o que está acontecendo nem me importo. Sejamos justos. Sejamos justos. Sejamos...

## [Para Anthony Linick]
### 22 DE ABRIL DE 1959

[...] Preciso correr agora para pegar a primeira corrida. Obrigado por amortecer o golpe da minha gramática fraca ao mencionar

---

[*] W. S. Gilbert e Arthur Sullivan, respectivamente um dramaturgo e um compositor que formaram uma próspera parceria escrevendo óperas cômicas no século XIX. [*N.T.*]

que alguns dos seus amigos da faculdade têm problemas com estrutura frasal. Acho que alguns escritores de fato sofrem desse destino, principalmente porque no fundo são rebeldes e as regras da gramática, como muitas outras regras do nosso mundo, pedem para serem pastoreadas, e por uma confirmação que o escritor natural rejeita por instinto e, ademais, seu interesse está no escopo mais amplo do assunto e do espírito... Hemingway, Sherwood Anderson, Gertrude Stein, Saroyan foram alguns dos que reformaram as regras, especialmente da pontuação e do fluxo e das quebras de frases. E, claro, James Joyce foi ainda mais longe. Nós estamos interessados em cor, forma, sentido, *força*... os pigmentos que pontilham a alma. Mas sinto que existe uma diferença entre ser um não gramático e ser ignorante, e são o ignorante e o despreparado os tão apressados para se jogar na página que não voltaram ao passado em busca de um som e de um trampolim básico, aqueles com quem compro briga. E com certeza a escola da *Kenyon Review* tem vantagem aqui, embora eles tenham ido tão longe nesse ponto que sua vantagem criativa foi embaçada.

*James Boyer May editava e publicava a* Trace, *na qual trechos da correspondência de Bukowski figuraram em várias edições.*

### [PARA JAMES BOYER MAY]
INÍCIO DE JUNHO DE 1959

[...] Quanto aos que possuem algumas dúvidas sobre minha aptidão psicológica, sinto que isso vem de uma ideia errônea do meu intento poético. Não trabalhei nos meus poemas com uma determinação cuidadosa, caindo mais na formulação aleatória e cega de vocabulário, um conceito mais fluido, na esperança de um caminho mais novo e vivo. Eu personalizo, sim, às vezes, mas isso apenas para a graça e o *élan* da dança.

*Os quatro poemas de Bukowski publicados na* Nomad 1 *receberam uma resenha negativa na* Trace 32, *por William J. Noble (1959).*

## [PARA ANTHONY LINICK]
### 15 DE JULHO DE 1959

Em particular, agora, gostaria de comentar com você a respeito da Nobre Cadela na *Trace 32*. Por que razão essa aberração\*, esse conservador que vem dos corredores cheios de ikones e carolas, de colecionadores de *rondeaux*\*\* e cheiradores de lírios, por que esse patife deveria se colocar como um crítico especial do fazer literário é mais do que posso responder com um quodlibet.\*\*\* Preciso de um antisséptico mais forte.

O mercado está fervilhando de jornais literários, um enorme pântano inútil cheio deles para aqueles que desejam continuar na descendente, sejam eles agnósticos, bichas ou avós que têm canários e peixinhos dourados de estimação. Por que esses reacionários não podem se contentar com o que têm, por que eles precisam nos lacerar com suas almas doentias, o kraken iminente de suas cabeças

---

\* A palavra original, "*eltchl*", não existe. Alguns artigos a respeito de Bukowski apontam que provavelmente é uma contração de "*eldritch*", uma palavra com o sentido de algo pouco natural, fora de lugar. [N.T.]

\*\* O *rondeaux* é uma forma poética francesa usada principalmente na Idade Média e no Renascimento. É uma forma poética fixa, como o soneto. [N.T.]

\*\*\* Termo advindo da composição musical para um trecho de música que combina melodias diferentes em contraponto. Bukowski joga com termos arcaicos e extremamente específicos provavelmente para ironizar a crítica levantada contra ele, que parece ser, de acordo com essa carta e a anterior, uma falta de compromisso formal. [N.T.]

divinas, me escapa. Certamente não dou a mais magniloquente mínima para o que eles publicam nas revistas *deles*: não peço almas para o verso moderno. Ainda assim, eles vêm cacarejando até nós. Por quê? Porque farejam vida e não conseguem suportar, querem nos afundar na mesma espuma e no ranho que os mantêm tolos com o deísmo do verso seco de 1890.

O sr. Noble acredita que estou sendo impetuoso e sexy quando falo de "brincar com peitos chatos". Não existe nada menos sexy, embora com certeza existam coisas menos impetuosas. São uma tragédia da poesia e da vida, esses peitos chatos, e aqueles de nós que *vivem* a vida além de escrever sobre ela precisam entender que, se remoermos demais nossos sentimentos sobre isso, é melhor ignorarmos a queda de Roma, ou o câncer, ou as obras para piano de Chopin. E "jogar dados com Deus" será o único jogo que vai nos restar quando o ar for regalado com lampejos púrpura e as montanhas abrirem a boca para rugir e os foguetes esplêndidos prometerem apenas uma aterrissagem no inferno.

Talvez eu esteja sendo generalista ao não digerir o sr. Noble. Mas a perturbação dele com coisas que não parecem semelhantes talvez aponte para um egoísmo que está em outro lugar. Cheguei às revistas conservadoras com versos conservadores, mas não implorei a elas "Venham, façam-me o favor!". Apenas sorri, pensei, caí no campo inimigo, me deitei com os brotos deles, brinquei com peitos tanto chatos quanto deliciosamente não tão chatos e escapuli, sem marcas, livre, ainda ávido em minha natureza, sozinho, desdenhoso e engenhoso. Imagino que fosse a isso que o sr. Noble estivesse se referindo quando disse "o sr. Bukowski tem talento". Foi muito gentil da parte dele. E gostei dos peitos menos chatos.

## [PARA JAMES BOYER MAY]
### 13 DE DEZEMBRO DE 1959

Outra noite recebi a visita de um editor e um escritor (Stanley McNail, da *Galley Sail Review*, e Alvaro Cardona-Hine), e o fato de que eles me encontraram em um estado desordenado e desarranjado não é de forma alguma totalmente culpa minha: a visita foi tão imprevista quanto um ataque de bomba de hidrogênio. Minha questão é a seguinte: um escritor se torna uma propriedade pública que pode ser saqueada sem aviso ao publicar ou ele ainda mantém o direito à privacidade como qualquer cidadão pagador de impostos? Seria nojento dizer que a única eucaristia de diversos artistas é (ainda) o isolamento de uma sociedade que se fecha rápido demais, ou isso é apenas um arcaísmo?

Não sinto que seja pedante ou desagradável exigir liberdade do ópio da comunidade e da fraternidade sanguessuga que domina muitas, muitas das nossas assim chamadas publicações de vanguarda.

[...] Bem, o editor pelo menos tomou uma cerveja comigo, embora o escritor não tenha aceitado nenhuma — então eu bebi por nós dois. Nós discutimos Villon, Rimbaud e *As flores do mal* de Baudelaire. (Pareceu uma noite bem francesa, com meus dois visitantes tomando muito cuidado de usar o título francês das obras de B.) Também discutimos J.B. May, Hedley, Poots, Cardona-Hine e Charles Bukowski. Acusamos e caluniamos e cercamos. Finalmente fatigados, o editor e o escritor se levantaram. Eu menti, disse que tinha sido bom vê-los, os pajens e os fungos, os drinques e os lampejos, a luz reconfortante de Lúcifer. Eles saíram e eu abri outra cerveja, embotado com a devassidão do mercado editorial americano moderno... Se isso era escrita, se isso era poesia, eu pergunto a um platelminto: ganhei 47 dólares em 20 anos de escrita e acho que 2 dólares por ano (sem contar selos, papel, envelopes, fitas, divórcios e máquinas de escrever) dá a alguém o direito à privacidade especial de uma insanidade especial e se eu precisar apertar a mão dos deuses do papel para promover uma pequena rima de escorbuto, aceitarei o casulo e o paraíso da rejeição.

[PARA JAMES BOYER MAY]
29 DE DEZEMBRO DE 1959

[...] Eu com frequência assumi a posição isolacionista de que tudo que importa é a criação de um poema, a forma artística pura. Qual é meu caráter, ou em quantas prisões, alas hospitalares ou muros já dormi, ou quantas bebedeiras, quantas leituras de poemas para os corações solitários evitei não é o ponto. A alma de um homem, ou a falta dela, será evidente com o que ele puder entalhar em uma folha branca de papel. E se eu puder ver mais poesia em um trecho da Santa Anita ou bêbado sob uma bananeira do que em um salão enfumaçado de rimas de lavanda, isso é problema meu e só o tempo vai julgar qual clima era apropriado, não algum editor babaca de segunda categoria com medo da conta da gráfica e tentando jogá-la no valor das assinaturas e mimando colaboradores. Se os garotos estão tentando ganhar um milhão, há sempre o mercado, as janelas solitárias da abordagem John Dillinger.

Melhor não descobrir um dia que a poesia de Dillinger era melhor que a nossa e que a *Kenyon Review* estava certa. Nesse momento, sob a bananeira, estou começando a ver pardais onde antes via gaviões, e o canto deles não é amargo para mim.

# 1960

[Para James Boyer May]
2 de janeiro de 1960

[...] sim, os "pequenos" são todos um bando de irresponsáveis (a maior parte deles) guiados por homens jovens, afoitos com a onda da faculdade, com esperanças de ganhar um trocado com a coisa, começando cheios de ideais incendiários e ideias grandiosas, notas de rejeição longas e exploratórias, e diminuindo até, finalmente, deixarem os manuscritos se empilharem atrás do sofá ou no armário, alguns deles perdidos para sempre e nunca respondidos, até finalmente reunirem uma seleção mal-ajambrada, tipo balaio de gatos, e pobre de poemas tipograficamente estragados antes de se casarem e desaparecerem da cena com algum comentário tipo "falta de apoio". Falta de apoio? Quem raios são *eles* para consegui-lo? O que fizeram além de se camuflar atrás da fachada da Arte, pensar o nome de uma revista, listarem-na e esperarem propostas dos mesmos 200 ou 300 nomes batidos que parecem pensar que são os poetas da América porque algum babaca de 22 anos com um bongô e uma nota de 50 dólares aceita a pior poesia deles.

*Romancista, poeta, editor, crítico e professor, Owen publicou a poesia de Bukowski na revista* Impetus *em 1960.*

## [PARA GUY OWEN]
### INÍCIO DE MARÇO DE 1960

É possível ser "conservador" e ainda assim publicar boa poesia. Boa parte do "moderno" tem uma casca grossa de ostentação que pode ser feita por homens jovens sem repertório ou sentimento (veja a *Hearse*). Existem falsos poetas em todas as escolas, pessoas que simplesmente não se encaixam. Mas elas alguma hora desaparecem porque as forças da vida as absorvem com outra coisa. A maioria dos poetas é jovem simplesmente porque ainda não se enrolou. Mostre-me um poeta velho e eu te mostro, com certa frequência, um louco ou um mestre. E, imagino, pintores também. Hesito um pouco aqui, e embora eu pinte, essa não é minha área. Mas imagino que seja parecido e estou pensando em um velho zelador francês em um dos últimos lugares nos quais fui empregado. Um zelador de meio período, corcunda, que bebia vinho. Descobri que ele pintava. Pintava por meio de uma fórmula matemática, uma computação filosófica da vida. Anotava antes de pintar. Um plano enorme, e pintava de acordo com ele. Contou de conversas com Picasso. E precisei rir. Lá estávamos nós, um atendente de logística e um zelador discutindo teorias estéticas enquanto à nossa volta homens tirando 10 vezes o nosso salário estavam perdidos buscando frutas podres. O que isso diz sobre o sonho americano?

*Um dos apoiadores mais dedicados do escritor, Webb publicou Bukowski em todas as edições da* Outsider *(1961-1969), além de seus dois primeiros marcos literários,*

Meu coração tomado em suas mãos *(1963) e* Crucifixo em uma mão morta *(1965). Webb foi um dos poucos editores que Bukowski elogiou por escrito.*

## [Para Jon E. Webb]
### 29 de agosto de 1960

[...] Caso você queira uma biografia... você pode peneirá-la desta zona. Nascido em 16/8/1920, em Andernach, na Alemanha, não sei falar uma palavra de alemão, inglês ruim também. Editores dizem, sem motivo, Bukowski, você não sabe ortografia nem sabe datilografar direito, também não precisa continuar usando a mesma maldita fita. Bem, eles não sabem que a fita acabou enrolada no meu cordão umbilical e eu venho tentando voltar para a mãe desde então. E não curto ortografia... acho que as palavras mais lindas carregam poder mal-escritas. De qualquer jeito, sou um velho agora. 40. Mais misturado com o cimento do grito e a luta vertiginosa do que quando tinha 14 e o velho surrou a bunda ao som de versos nada clássicos. Onde estávamos? Deixa eu entornar essa cerveja de novo... tive notícia da *Targets* esta manhã. Pegaram 6 poemas pra edição de dezembro... "Horse on Fire" [Cavalo em chamas, em tradução livre], "Pull Me Thru the Temples" [Leve-me pelas têmporas, em tradução livre] e mais umas merdas. Tenho outro poema, "Japanese Wife" [Esposa japonesa, em tradução livre] para a edição de setembro. Isso é legal e vai me permitir viver 3 ou 4 semanas a mais. Estou mencionando isso porque me deixa feliz do meu jeito e estou bebendo cerveja agora. Não é tanto pela fama da publicação, mas mais pela sensação boa de que talvez você não seja doido e algumas das coisas que diz sejam entendidas. Essa cerveja é tão boa olhando pela janela ensolarada, ho, ho, nenhuma maldita mulher aqui, nenhum cavalo de focinho curto, nenhum câncer, nenhum Rimbaud ou DeMass apodrecendo na sujeira, só flores de laranjeira sem abelhas e a erva da calif. apodrecendo por cima dos ossos da calif. apodrecendo. Espere aí. Abra outra cerveja. Vou pra Del Mar por 3 ou 4 dias pegar o dinheiro do aluguel, descobri um novo código para focinhos curtos.

Vamos começar outro parágrafo. Ger[trude] Stein teria me dito isso. Mas Ger St. é outra coisa. Nós todos estamos certos do nosso jeito, só que alguns de nós têm a ajuda das abelhas e dos deuses e das luas e dos tigres bocejando nas tremendas cavernas escuras cheias de Serg[ei] Rachmaninov e César Franck e fotos de [Aldous] Huxley conversando com [D. H.] Lawrence por cima do vinho derramado. Maldição: bio, bio, bio... eu me odeio, mas preciso continuar. Isso é baboseira, bem, cristo, sei lá, surrei o velho uma noite quando eu estava bêbado, 17, saí da cidade. Ele não revidou e isso me deixou enjoado porque ele era parte de mim... encarando do sofá, covarde, fraco. Eu viajei por todos esses podres E. Unidos trabalhando por nada para que outros pudessem ter alguma coisa. Não sou um comuna, não sou nada político, mas é um arranjo ruim. Trabalhei em abatedouro, fábrica de biscoito de cachorro, no Di Pinna na praia de Miami, fui entregador de jornal para o *Item* de Nova Orleans, trabalhei no banco de sangue em Frisco, pendurei pôsteres no metrô de Nova York 12 metros abaixo do céu saltando bêbado por lindos terceiros trilhos dourados, algodão em Berdo, tomates; logística, caminhoneiro, apostador de cavalos ordinário, segurador de banquinhos de bar por toda essa desagradável nação despertador, sustentado por amantes putas; garoto-propaganda da American NewsCo. de Nova York, estoquista na Sears-Roebuck de Nova York, frentista, carteiro... Não consigo lembrar de todos, é tudo sem graça e comum e qualquer homem que você veja ao seu lado na fila do desemprego fez as mesmas coisas. [...]

Onde estávamos??? Cristo. De qualquer forma, durante tudo isso eu escrevi um poema ou 2, publiquei na *Matrix* e então perdi o interesse em poesia. Comecei a trepar com o conto. Aliás, recebi uma carta da [Evelyn] Thorne, que publica bastante da minha poesia mais chique ou clássica — merda, eu consigo escrever de qualquer forma velha, não presto —, me xingando por usar lingage* ruim. Agora espera. Vejamos. O conto. Whit Burnett da velha revista *Story* publicou meu primeiro em 1944. Eu era um moleque de 24 anos morando em Greenwich Village e notando no primeiro dia que o Village tinha morrido, um sinal de que alguém um dia tinha estado lá. Merda, a zoeira. Recebi uma carta de uma senhora agente me chamando para almoçar e tomar uns drinques... queria conversar comigo e agenciar minhas coisas. Disse a ela que não podia encontrar com ela, não estava pronto, não sabia escrever e adeus, tomei meu próprio drinque embaixo da cama na forma de uma garrafa de vinho. Acabei em algum templo de Father Divine às 6 da manhã, bêbado, trancado pra fora, congelando em mangas de camisa. Você não pediu uma biografia, pediu, Webb? Na verdade, que raios, você nem acetou um d's meus pomas?

Bem, de qualquer jeito, conto aqui e ali, não muitos aceitos. Eu mandava correio aéreo para a *Atlantic Monthly* e, se não era aceito, rasgava. Não sei quantas obras-primas rasguei. Por ninguém. Várias pessoas no caminho tentaram me convencer a escrever um romance. Fodam-se. Eu não escreveria romance por Khruschev. Esqueci tudo por um tempo, 10, 15 anos, não escrevi. Não passei do cicristarista* para entrar no exército. Boa sensação. Estava com os shorts do avesso, mas não intencional depois de 4 semanas bêbado. Eles acharão que eu era pirado, os filhasdaputa doidos.

---

* Palavra inventada pelo autor. [N.T.]

Bem, veja aqui, Wegg, quer dizer, Webb, deixa eu pegar outra cerveja. Estou pensando em você passando 21 dias sem uma bebida, isso precisa PARAR. Uma vez acabei no setor de caridade do Hospital Geral... hemorragia de sangue como uma fonte pela bunda e pela boca... eles me deixaram lá por 2 dias antes de encostarem em mim, então tiraram a ideia de que eu tinha conexões com o submundo e bombearam 4 litros de sangue e 4,5 de glucose pra dentro de mim sem parar. Me disseram que se eu bebesse de novo eu morreria. 13 dias depois eu estava dirigindo um caminhão, erguendo pacotes de 22 quilos e bebendo vinho barato cheio de enxofre. Eles não entenderam o ponto: eu *queria* morrer. E como alguns suicidas já experimentaram: a estrutura humana *pode* ser mais forte que aço.

Agora um min, Webb, o onde estávamos?

De qualquer jeito, eu saí desse apagão, 10, 15 anos bêbado, bicos, terror, nozes nos lençóis, cascas de nozes, camundongos saltando como foguetes pelos quartos, 3 semanas atrasado no aluguel por sonhos de ressaca, batatas verdes, pão roxo, o amor de mulheres gordas e cinzentas que te fazem chorar suas grandes barrigas de batata e amor seco e terço embaixo do travesseiro e fotos de crianças impuras... nada como fazer um homem se sentir selvagem e ousado porque ele só quer se alienar. As mulheres eram melhores que nós. Cada uma delas. Não existe isso de puta. Fui roubado e surrado e empesteado por todas elas, por isso digo, não existe essa coisa de puta. As mulheres não são feitas assim. Homens são. O termo é puto. Eu era um. Ainda sou. Mas vamos prosseguir.

De qualquer forma, dez ou 15 anos depois comecei a escrever de novo... com 35, mas dessa vez saiu tudo POESIA. Que raios? Como eu via — economizava as palavras... Ger. teria gostado disso, embora eu esteja gastando muitas palavras aqui, tenho certeza de que serei perdoado... porque alguém está com o cortador de grama ligado e WHIRRRRR CLICKHWRRIRR, está tudo bem com todo o sol entrando e tem alguma coisa no rádio... não sei o quê... posso ter ouvido só uma ou 2 vezes, tão cansado da mesma... Beethoven, Brahms, Bach, Tchaikóvski etc...

De qualquer jeito, eu me saí com o pequeno poma porque eu gostava dele e parecia ok. Agora estou ficando um pouco cansado e não sei bem o quê.

De qualquer jeito, publiquei aqui e ali, gaveta cheia de revistinhas onde deveria haver camisas.

Eu gostaria de dizer que tenho ou *tinha* alguns deuses — Ezra P. antes de eu começar a me corresponder. com uma ex-amante [Sheri Martinelli]... Ainda há, porém, [Robinson] Jeffers. Eliot me parecia um oportunista, indo aonde os deuses mais escorregadios têm as dádivas mais silenciosas, o que é ótimo e nobre, mas não humano, e o rugido do sangue ou algum mendigo morrendo na sarjeta em uma cueca que não é lavada há 4 semanas. Não estou exatamente batendo em Eliot, eu estou batendo na educação e seus falsos dentes. Eu poderia e posso conseguir mais conhecimento da vida conversando com o lixeiro do que poderia conversando com T.S., ou com você, aliás, Jon E. W. Onde estávamos? [...]

Olha, Jon, espero que você consiga encontrar um poma. Em algum lugar entre os versos sangrentos... sei lá, tô cansado... em todo lugar as pessoas regam gramados... grande coisa. Bem, olhe, essa foi a biografia.

perdi minha caneta,

vamos acabar com eles com essa tagarelice de Alcatraz...

*Stefanile publicou um poema de Bukowski na* Sparrow, *volume 14 (1960).*

## [PARA FELIX STEFANILE]
### 19 DE SETEMBRO DE 1960

Nada de "rato de biblioteca ou maricas" eu sou...

Sua crítica corrigida: poema enviado era solto, preguiçoso, repetitivo, mas aqui está a questão: não consigo TRABALHAR um poema. Poetas demais trabalham de forma conscienciosa demais em suas coisas e quando você vê o trabalho publicado, eles parecem estar dizendo... veja aqui, meu velho, olhe só para esse POEMA. Eu poderia até dizer que um poema *não deveria ser* um poema, mas mais um pedaço de alguma coisa que acaba saindo certa. Não acredito em técnica ou escolas ou maricas... acredito em agarrar as cortinas como um monge bêbado... e puxar, puxar, puxar...

Espero enviar para você de novo e, acredite em mim, aprecio muito mais a crítica que "desculpe" ou "não" ou "superlotados".

## [PARA JON WEBB]
### FINAL DE SETEMBRO DE 1960

[...] Também recebi seu cartão novo hoje, preciso concordar com você que é possível espantar a poesia falando e também a vida falando e eu tiro mais de estar com pessoas — se precisar — que nunca ouviram falar de Dylan ou Shakey ou Proust ou Bach ou Picasso ou Remb.* ou círculos cromáticos, ou o que quer que seja. Conheço alguns lutadores (um já com 8 vitórias em sequência), um ou dois caras que apostam em corridas, algumas putas, ex-

---

* "Dylan" se refere ao poeta Dylan Thomas, e "Remb." provavelmente é uma abreviação de Rembrandt. [N.T.]

-putas e os alcoólatras; mas poetas são ruins pra digestão e pra sensibilidade e eu podia ser mais ácido, mas é provável que eles sejam melhores do que eu faço parecer e tem muita coisa errada comigo. [...]

Concordo com você sobre "poesia poética" e meio que sinto que quase toda a poesia escrita, passada e presente, é um fracasso porque a intenção, a inclinação e o sotaque não são um entalhe como em pedra ou comer um bom sanduíche ou beber uma boa bebida, mas mais como alguém dizendo "Olhe, eu escrevi um poema... veja meu POEMA!".

*W. L. Garner e Lloyd Alpaugh publicaram poemas de Bukowski em várias edições da* Target.

## [Para W. L. Garner]
### 9 de novembro de 1960

[...] Acredito que poesia demais está sendo escrita como "poesia" em vez de conceito. E com isso quero dizer que tentamos demais fazer essas coisas *soarem* como poemas. Foi Nietzsche quem disse, quando lhe perguntaram sobre poetas: "Os Poetas? Os Poetas mentem demais!". A forma-poema, por tradição, nos permite dizer muito em pouco espaço, mas a maioria de nós vem dizendo *mais* do que sente, ou, quando não temos a capacidade de ver ou entalhar, substituímos a dicção poética, da qual a palavra ESTRELA é beneficiária e principal executora.

SOBRE A ESCRITA

## [PARA JON WEBB]
### 11 DE DEZEMBRO DE 1960

[...] Você há muito tempo me disse que estava rejeitando "nomes" a torto e a direito. Parece então que você está selecionando o que gosta, que é o que qualquer editor deveria fazer. Eu já fui editor na *Harlequín* e tenho uma ideia do que chega em termos de poesia — quanta poesia amadora mal-escrita, pretensiosa e repetitiva se pode receber pelo correio. Se publicar "nomes" significar publicar boa poesia... fica a cargo dos sem nome escrever poesia boa o suficiente para entrar. Apenas rejeitar "nomes" e publicar a poesia de segundo escalão dos desconhecidos... é isso que eles querem?... uma forma de nova inferioridade? Deveríamos jogar fora Beethoven e Van Gogh por cançõezinhas e tentativas da senhora da rua da frente porque ninguém sabe o nome dela? Quando eu estava na *Harlequín,* só conseguimos publicar UM poeta até então inédito, um menino de 19 anos do Brooklyn, se não me engano. E isso... só porque cortamos fora seções inteiras dos 3 ou 4 poemas que ele mandou. E depois disso ele nunca mais mandou nada nem parcialmente aproveitável. E nós recebemos cartas também, cartas amargas de reclamação vindas de conhecidos e desconhecidos. Eu ficava metade da noite acordado escrevendo rejeições de 2 ou 3 páginas explicando por que sentia que os poemas não serviam — isso em vez de só escrever "desculpe, não" ou me sair com uma rejeição impressa. Mas o sono perdido era em vão; os poemas que não escrevi eu deveria ter escrito; as bebedeiras, as peças, as corridas de cavalo que perdi, não deveria ter perdido; as óperas, as sinfonias... porque tudo que recebi de volta por TENTAR, tentar ser decente, caloroso e acessível... foram cartas amargas e desdenhosas, cheias de palavrões, vaidade e guerra. Eu não teria ligado para uma análise sólida dos meus erros — mas as epístolas choraminguentas e desdenhosas — não, raios, não. É muito estranho, eu pensava, como as pessoas podem ser "uns merdas"(para usar um termo delas) e escrever poesia também. Mas, agora, depois de conhecer algumas delas, sei que isso é totalmente possível. E não estou falando da luta limpa, do rebelde, da coragem. Estou falando de caçadores de glória de mente fraca, loucos por dinheiro, anões espirituais.

*Em "Horse on Fire"* [Cavalo em chamas, em tradução livre], *publicado na* Targets, *volume 4, em 1960, Bukowski critica os* Cantos *de Pound.*

## [PARA W. L. GARNER E LLOYD ALPAUGH]
### FINAL DE DEZEMBRO DE 1960

[...] O velho Ez[ra Pound] vai provavelmente cuspir os dentes pra fora da boca quando ler "Horse on Fire", mas até os grandes podem às vezes viver no erro e cabe a nós, os menores, corrigir seus modos à mesa. E Sheri Martinelli vai lamentar, mas por que eles foram prantear seu precioso canto e então me contar sobre isso? Sou um homem perigoso quando fico sozinho com uma máquina de escrever.

# 1961

### [PARA JON WEBB]
### FINAL DE JANEIRO DE 1961

[...] É quando você começa a mentir para si mesmo em um poema para conseguir apenas *escrever* um poema que você fracassa. É por isso que eu não retrabalho poemas, mas deixo-os ir na primeira vez que escrevo, porque se eu menti originalmente então não tenho por que afundar a faca, e se eu não menti, bem, então raios, não há com o que me preocupar. Consigo ler alguns poemas e só sentir como eles foram lixados, fundidos e lustrados. Tem muita poesia assim agora na *Poetry* de Chicago. Quando você vira as páginas, nada além de borboletas, borboletas quase sem sangue. Fico realmente chocado quando folheio essa revista porque nada está acontecendo. E acho que é isso que eles pensam que é um poema. Digamos, algo não acontecendo. Uma coisa com versificação organizada, tão sutil que você nem consegue sentir. Isso torna a coisa toda arte inteligente. Bolas! A única coisa inteligente na boa arte é se ela te sacode pra acordar, senão só canastrice, e como é que pode ser canastrice e estar na *Poetry Chi*? Me diga você.

Em 1956, comecei a escrever poesia na claudicante idade de 35 anos, depois de cuspir meu estômago pela boca e pela bunda, e tenho o bom senso de não beber mais uísque, embora uma dama tenha afirmado que eu estava cambaleando pela casa dela sexta passada bebendo vinho do Porto — em 1956 mandei um punhado de poemas para a *Experiment* que (os quais) eles aceitaram e, agora, 5 anos depois, eles me dizem que vão publicar um deles, o que é uma reação atrasada, se eu já vi uma. Eles disseram que vai sair em junho de 1961 e acho que quando eu ler vai ser como um epitáfio. E então ela sugeriu que eu enviasse dez dólares e me juntasse ao *Experiment Group*. Naturalmente, recusei. Cristo, dez extras hoje no Togetherness nas corridas teria me deixado assobiando pelo ânus.

Corrington me diz que acha que Corso e Ferlinghetti têm a coisa. Não sou tão culto quanto deveria ser. Mas acho que o poeta moderno deve ter a corrente da vida moderna dentro dele, e não podemos mais escrever como Frost ou Pound ou Cummings ou Auden, eles parecem um pouco fora de prumo, como se tivessem perdido o ritmo. Pelo meu dinheiro, Frost sempre esteve fora de ritmo e se safou com muita baboseira. E, claro, eles o enfiam como um manequim morto na neve e o deixam tagarelar com sua visão moribunda e sua intuição na cerimônia de posse. Muito bonito, de fato. E há mais coisas assim e vou tentar conseguir uma carteirinha do partido comunista ou uma velha braçadeira negra ou alguma bicha pra me bagunçar como quiser. Espero nunca ficar tão velho a ponto de não conseguir mais me lembrar, mas, claro, Frost sempre agiu como favorito, e se ele já atirou no escuro, ficou de boca fechada. [...]

Teve aquela vez em Atlanta quando eu mal conseguia enxergar o fim do cabo de energia — ele tinha sido cortado e não havia nenhuma lâmpada, e eu estava em um muquifo acima da ponte — um dólar e 25 centavos por semana de aluguel — e estava congelando e eu estava tentando escrever, mas principalmente queria alguma coisa pra beber, e meu sol da Califórnia estava muito longe, então pensei, bem, raios, vou conseguir algum calor, e estendi o braço e agarrei os fios com a mão, mas eles estavam mortos e eu fui lá pra fora e fiquei embaixo de uma árvore congelada observando através do vidro quente e embaçado de alguma mercearia vendendo um pão para uma mulher e eles ficaram lá por uns dez minutos conversando sobre nada e eu os observei e disse eu juro eu juro, para o *inferno* com isso! Ergui os olhos para a árvore branca e congelada e seus galhos não apontavam para lugar nenhum, só para um céu que não sabia meu nome, e então ele me disse: eu não te conheço e você não é nada. E como eu senti isso. Se existem deuses, a coisa deles não é nos torturar e nos testar para ver se estamos prontos para o futuro, mas fazer um maldito divino bem divino no presente. O futuro é só um palpite ruim; Shakespeare nos disse isso — nós todos sairíamos voando para lá se não fosse. Mas é só quando um homem chega ao ponto de ter uma arma na boca que ele consegue ver o mundo todo dentro da cabeça. Qualquer outra coisa é conjectura, conjectura, lorota e panfletos.

[PARA JON WEBB]
25 DE MARÇO DE 1961

[...] O que me irrita é quando leio a respeito dos velhos grupos de Paris, ou alguém que conhecia alguém nos velhos tempos. Eles faziam isso naquela época também, os nomes de antes e agora. Acho que Hemingway está escrevendo um livro sobre isso. Mas, apesar de tudo, não posso comprá-lo. Não suporto escritores, editores ou qualquer um que queira falar de Arte.

Durante 3 anos vivi em um hotel precário — antes da minha hemorragia — e fiquei bêbado todas as noites com um ex-presidiário, a faxineira do hotel, um índio, uma mina que parecia usar peruca, mas não usava, e 3 ou 4 vagabundos. Ninguém conhecia Shostakovich de Shelley Winters e não dávamos a mínima. O principal era mandar alguém atrás de álcool quando ficávamos sem. Começávamos na base da pirâmide, com nosso pior ladrão, e se ele falhasse — você precisa entender, na maior parte das vezes tínhamos pouco ou nenhum dinheiro — nós subíamos um pouco com o mais próximo. Acho que isso é me gabar, mas eu era o macho alfa. E quando o último cambaleava porta adentro, pálido e envergonhado, Bukowski se erguia com uma investida, vestia sua capa esfarrapada e caminhava com raiva e segurança noite adentro, até a Loja de Bebidas Dick's, e eu o engambelava, o forçava e o apertava até ele ficar tonto; entrava com muita raiva, não mendigando, e pedia o que queria. Dick nunca sabia se eu tinha dinheiro. Às vezes eu o enganava e na verdade tinha dinheiro. Mas, na maior parte das vezes, não. Mas, de qualquer forma, ele batia as garrafas no balcão na minha frente, as ensacava e então eu as pegava com um raivoso "Coloque na minha conta!".

E então ele começava a velha dança "mas, Jesus, cê me deve tal e tal já e você não paga nada faz um mês e...".

E então vinha o ATO DE ARTE. Eu já estava com as garrafas na mão. Não seria nada só sair. Mas eu as batia de volta na frente dele, rasgando a sacola e as enfiando na cara dele dizendo "Aqui, você *quer* essas coisas! Vou comprar em outro lugar!".

"Não, não", ele dizia. "Pode levar. Tudo bem."

E então ele puxava aquele pedaço triste de papel e acrescentava o valor ao total.

"Xô ver isso", eu exigia.

## SOBRE A ESCRITA

E então eu dizia "Pelo amor de Cristo! Eu não te devo *tudo* isso! O que é isso aqui?".

Tudo isso era pra fazê-lo acreditar que algum dia eu pagaria. E então ele tentava me engambelar de volta: "Você é um cavalheiro. Não é como os outros. Eu confio em você".

Ele finalmente cansou e vendeu a loja, e quando o próximo chegou eu abri uma nova conta...

E o que aconteceu? Às oito da manhã de um domingo — OITO DA MANHÃ!!! Por Deus —, ouvi uma batida na porta e abri e lá estava um editor. "Ah, eu sou fulano de tal, editor de não sei onde, nós recebemos seu conto e o achamos muito peculiar; vamos usá-lo em nossa edição de primavera." "Bem, entre", eu precisei dizer, "mas não tropece nas garrafas." E então fiquei lá sentado enquanto ele me contava da esposa que o admirava muito, de seu conto que tinha sido publicado na *Atlantic Monthly*, e você sabe como eles tagarelam. Ele finalmente foi embora e, mais ou menos um mês depois, o telefone do corredor tocou e alguém queria falar com Bukowski, e dessa vez era uma voz de mulher, "Sr. Bukowski, achamos que você tem um conto muito peculiar que o grupo estava discutindo na outra noite, mas achamos que ele tem uma fraqueza e pensamos que o senhor poderia querer corrigir essa fraqueza. Era a seguinte: POR QUE O PROTAGONISTA COMEÇA A BEBER, PRA COMEÇO DE CONVERSA?".

Eu disse "Esqueça a coisa toda e me devolva o conto", e desliguei.

Quando voltei pra dentro, o índio olhou por cima da bebida e perguntou: "Quem era?".

Eu disse: "Ninguém", que era a resposta mais precisa que eu poderia dar.

*Outro firme apoiador dos primeiros trabalhos de Bukowski, Corrington foi um dos primeiros acadêmicos a defender abertamente a poesia do autor, elogiando sua natureza selvagem em diversas resenhas e introduções.*

## [Para John William Corrington]
### 21 DE ABRIL DE 1961

É evidente que muitos dos nossos editores hoje em dia ainda seguem as regras dos que vieram antes. O santuário da regra não significa nada para o criador puro. Existe uma desculpa para criações fracas se somos iludidos pela camuflagem ou o vinho desce por olhos fixos, mas não existe nenhuma desculpa para uma criação aleijada por diretivas de escola e tendência, ou o livro de orações hipocondríacas que diz: forma, forma, forma!! coloque-a em uma gaiola!

Vamos nos permitir espaço e erro, histeria e luto. Não vamos arredondar as arestas até termos uma bola que role constantemente para longe, como em um truque. As coisas acontecem — o padre leva um tiro no trono; vespas cheiram heroína sem parar; eles pegam seu número; sua esposa foge com um idiota que nunca leu Kafka; o gato atropelado, as entranhas colando o crânio no asfalto, é ignorado por horas pelo tráfego que passa; flores crescem na fumaça; crianças morrem aos 9 e aos 97; moscas são esmagadas em telas... a história da *forma* é evidente. Sou o último a dizer que podemos começar com zero, mas vamos sair do 8 ou 9 e ir até o 11. Podemos repetir — como andamos fazendo — o que é verdade e temos, eu acho, ido muito bem. Mas eu gostaria de nos ver gritar um pouco mais histericamente — se formos homens o suficiente — a respeito do que é falso também e do que ainda não está formado e nunca estará. Precisamos mesmo deixar a vela queimar — jogar gasolina nela se necessário. O sentimento do ordinário é sempre ordinário, mas há gritos de janelas também... uma histeria artística criada da respiração na necrópole... algumas vezes, quando a música para e nos deixa 4 paredes de borracha, vidro ou pedra, ou, pior — nenhuma parede, pobres e com frio na Atlanta do coração. Concentrar-se em forma e lógica, "na construção da frase", parece imbecilidade no meio da loucura.

Não sei dizer o quanto os meninos cuidadosos arrancam minhas roupas com suas criações planejadas e retrabalhadas. A criação é nosso dom e nós estamos doentes dele. Ele se bateu contra os meus ossos e me acordou para encarar paredes às 5 da manhã. E reflexões levam à loucura como um cachorro com uma boneca de pano em uma casa vazia. Olhe, diz uma voz, para dentro e além do terror — "o Cabo Canaveral, o Cabo Canaveral não é nada perto de nós. Inferno, Jack, isso é um momento sábio: precisamos insistir em camuflagem, eles nos ensinaram isso — deuses tossindo vivos em meio à fumaça indistinta do verso. Olha, diz outra voz, precisamos entalhar em mármore fresco... De quê importa, diz um terceiro, de quê importa? as mamães amarelo-claro se foram, a cinta-liga no alto da perna; o encanto de 18 é 80 e os beijos — cobras soltando prata líquida —, os beijos cessaram. nenhum homem vive a mágica por muito tempo... até que uma manhã, às 5h, a coisa te pega; você acende um fogo, serve um drinque apressado enquanto sua psique se arrasta como um rato por uma despensa vazia. se você fosse Greco ou até mesmo uma cobra d'água, algo poderia ser feito.

outra bebida. bem, esfregue as mãos e prove que está vivo. seriedade não serve. atravesse o cômodo.

esse é o dom, esse é o dom...

Certamente, o encanto de morrer está no fato de que nada se perde.

## [Para Hilda Doolittle]
### 29 de junho de 1961

Ouvi de Sheri M. que você está muito doente. Você é quase uma lenda para a maioria de nós. Li seus últimos poemas escolhidos (Evergreen). Espero não soar tolo ao desejar melhoras e voltar a escrever.

Com amor,

## [Para Jon Webb]
### Final de julho de 1961

[...] Ouvi alguns dos meus poemas lidos no rádio outra noite. Eu nem saberia, mas [Jory] Sherman, que sabe dessas coisas, me disse ao telefone, então fiquei bêbado e escutei. Muito estranho ouvir as próprias palavras saindo do alto-falante do rádio que te falou de notícias, engarrafamentos de estradas, tocou Beethoven e narrou jogos profissionais de futebol americano. Um poema, o primeiro de 15, era o poema das rosas na *Outsider*. Também leram partes das minhas cartas a respeito de editores, leituras de poesia e críticos ou coisa assim e tinha público, às vezes, rindo, assim como alguns poemas, então eu não me senti tão mal, mas quando me levantei pra pegar outra cerveja pisei em um caco de vidro de 7 centímetros que estava no chão (minha casa é uma bagunça) e o vidro entrou bem pelo calcanhar e eu o arranquei e sangrei por algumas horas. Manquei por aí por uma semana e então um dia acordei coberto de suor, queimando, vomitando... por um tempo achei que fosse ressaca, mas depois de um tanto decidi que não era e dirigi pelo Hollywood Blvd. até um tal de dr. Landers e tomei uma injeção. Voltei, abri uma cerveja e imediatamente pisei em outro caco de vidro.

Jesus, eu li na *Outsider* que o jovem [Henry] Miller fazia cópias em carbono do seu trabalho e as enviava pras pessoas. Para mim, isso é inconcebível, mas acho que Miller pensou que não havia nenhuma abertura pra ele e que teria que fazer as próprias aberturas. Acho que cada homem ataca a coisa de modo diferente. Embora eu veja onde Grove publicou os *Trópicos\** dele e agora que é algo seguro está dando em nada na maior parte dos lugares. Note também que a revista *Life* e outras meteram bem na bunda de Hem.,** o que ele merece, tendo se vendido depois de seus primeiros trabalhos, o que eu sempre soube, mas nunca ouvi ninguém dizer até depois do suicídio dele. Por que esperaram?

Faulkner é, em essência, bem como Hem. O público o engoliu de um gole só, e os críticos, tendo algo um pouco mais sutil, se sentem seguros e os incentivam, mas muito de Faulkner é pura merda, mas merda esperta, vestida de forma esperta, e quando ele se for vão ter problemas para se livrar dele porque não o entendem bem, e, sem entendê-lo, as partes chatas e vazias, a massa de itálicos, eles vão achar que isso significa genialidade.

[Para John William Corrington]
Final de agosto de 1961

[...] Como você sabe, sou muito desleixado. Não guardo cópias em carbono. As coisas que mandei e foram aceitas, não tenho cópias delas. Coisas que mandei e não voltaram, não tenho cópias delas. Às vezes, encontro um pedaço de papel com alguma coisa escrita, ou um papel datilografado, mas não sei se foi aceito ou sequer se o enviei. Até já perdi uma folha de papel que eu guardava que

---

\* *Trópico de Câncer* e *Trópico de Capricórnio*, dois romances de Henry Miller. [N.T.]
\*\* Hemingway. [N.T.]

me dizia para onde eu tinha mandado alguns poemas, ou onde alguns tinham sido aceitos, mas quais eram os títulos dos poemas eu não sei. E, agora, perdi o papel. Tive uma esposa uma época [Barbara Fry] que realmente me impressionava. Ela escrevia um poema e enviava, anotava o nome do poema, a data, para onde tinha mandado... Tinha um grande livro de contabilidade, uma coisa linda, e nele uma lista de revistas e a lista cortada em espirais ou linhas azuis por cima do laranja ou algo assim, e ela colocava pequenos asteriscos **** que amarravam tudo. Era um raio de uma coisa linda. Ela podia mandar o mesmo poema para 20 ou 30 revistas só adicionando ******************** ********** e nunca mandar duas vezes para a mesma revista, iuhu. Ela me deu um livro também, mas desenhei imagens e coisas sujas no meu. E, quando ela trabalhava um poema, cada um que ela escrevia era datilografado de novo em um papel especial e então colado em um caderno (com data). Eu podia usar um pouco dessa fibra, mas na verdade acho que me faria sentir um pouco demais, como se eu estivesse vendendo sutiãs bem ajustados de porta em porta.

# 1962

[PARA JOHN WILLIAM CORRINGTON]
ABRIL DE 1962

[...] Fry uma vez me incentivou a fazer um monte de desenhos com legendas, piadas, e fiquei acordado a noite toda, bebendo e fazendo esses quadrinhos, rindo da minha própria doidice. De manhã eram tantos que eu não consegui enfiar tudo em um envelope, nenhum era grande o suficiente, então fiz uma coisa enorme de papelão e enviei ou pra *New Yorker* ou pra *Esquire*, com outra coisa de papelão dentro pro envio correto. Bem, raios, eles prov. conseguiram notar que ou eu era um amador ou era doido. Nunca voltou. Escrevi sobre meus 45 quadrinhos e eles nunca voltaram. "Nenhum item assim receb. de você", algum editor respondeu. Mas, sentado em uma barbearia, meses depois, vi uma das minhas piadas em alguma revista, acho que era a *Man*, mostrando um cara, um jóquei chicoteando um cavalo com uma daquelas bolas redondas com espinhos na ponta de uma corrente e um cara na grade dizendo pro outro "Ele é um menino muito rude, mas de algum jeito eficiente". As palavras foram mudadas só um pouco e o desenho um pouco, mas com certeza parecia igual ao meu. Bem, raios, você pode imaginar qualquer coisa se quiser. Mas não sei, eu nem estava procurando, normalmente não vejo revistas, ou talvez veja, mas não noto, mas eu continuava encontrando as mesmas ideias e desenhos só um pouco alterados; era tudo próximo demais, tudo parecido demais para ser outra coisa além da minha, só que eu sentia que as minhas eram mais bem executadas e não quero dizer que mataram, eles mataram aquilo. E quando eu encontrei um dos meus maiores desenhos sem legenda (quer dizer, a ideia dele, não era meu desenho) na CAPA DA *NEW YORKER*, então eu soube que estava certo — era a mesma maldita coisa: um lago grande em uma noite enluarada com essas dezenas de canoas cheias de homens e mulheres, e em cada uma delas o homem estava tocando violão e fazendo uma serenata para sua mulher — exceto em um barco bem no centro do lago que tem esse cara em pé na sua canoa e soprando essa trompa enorme. Eu esqueci se coloquei um broto na canoa dele ou não, prov. sim, mas, agora que estou mais velho, vejo que teria dado uma risada extra se tivesse deixado de fora. De qualquer jeito, foi tudo desperdiçado e não fiz mais quadrinhos até Ben Tibbs meio que foder com o que deveria ser a capa de *Longshot Pomes,* e eu disse a [Carl] Larsen jesus acho que consigo fazer melhor. O que quero dizer é, como com os quadrinhos, o romance, eu não conheço a mecânica de fazer e não quero desperdiçar um monte de palavras fazendo tudo ao contrário para algum sicofanta distorcer e mudar pro seu próprio bem. Achei que o mundo da Arte e coisas assim seria limpo. Bobagem. Existe mais mal e pessoas cheias de tentáculos inescrupulosos no mundo da Arte do que em qualquer casa de negócios porque em uma casa de negócios

---

* *Longshot Pomes for Broke Players*, livro com 26 poemas e cinco desenhos de Bukowski publicado pela 7 Poets Press em 1962. [*N.T.*]

a imaginação de sardinha do cara só está em conseguir uma casa maior e um carro maior e uma puta a mais, mas normalmente o impulso não vem de algum interior perturbado que grita por RECONHECIMENTO DO EU além de toda decência e clareza, não importa como isso seja conquistado. É por isso que alguns desses editores são tão escrotos: não conseguem entalhar eles mesmos, então tentam se associar com aqueles que esculpem e entalham em um pequeno mármore limpo... é por isso que muitos deles não respondem cartas perguntando de trabalho submetido: todas as luzes dentro deles foderam umas com as outras até se apagarem.

Uma vez, frequentei a escola noturna, por insistência de Fry, fiz... como chama? Arte comercial. Esse cara que dava aula trabalhava pra algum lugar que fazia arte com isso. e dava aula à noite. Levávamos nosso trabalho pra aula e ele o enfileirava na lousa e, uma vez, logo antes do Natal, ele disse: "Agora, minha empresa precisa fazer um cartaz pros postos de gasolina TEXACO e quero que vocês transformem isso em problema de vocês. Nos deem alguma coisa pra um anúncio de Natal". Bem, chegou a época e ele estava passando pela lousa, olhando os desenhos até chegar no meu e, com grande fúria e raiva, ele se virou para a classe e urrou: "QUEM FEZ ESSE???!!!". "Fui eu", admiti, "pensei que a estrela da TEXACO, a ideia de ter a estrela da TEXACO e o logo no topo da árvore era boa." "Sem árvores de Natal, por favor. Isso não é bom. Quero que você me faça outro desenho." Ele continuou andando.

Algumas semanas depois, ele parou diante da classe. "Bem, minha empresa e os executivos da TEXACO escolheram nosso anúncio de Natal." E ele o ergueu. Quando fez isso, só um momento depois de ter feito isso, vi os olhos dele me procurando. Sabe o que ele ergueu? Uma árvore de Natal com a estrela logo da TEXACO no topo, só que eles tinham colocado um pequeno frentista dentro da árvore... eu não disse nada. Podia tê-lo deixado mal. Mas não sou de discutir, reclamar. Senti que ele sabia que eu sabia e isso era suficiente. Larguei a matéria e fiquei bêbado. Depois, no Natal, quando passávamos por um posto Texaco, eu dizia a Fry: "Olha, gata, meu desenho... você não está orgulhosa de mim?".

O que quero dizer é que se eu escrevesse esse romance em papel higiênico alguém limparia a bunda com ele. Escrevi a coisa do macaco como um conto uns 15 anos atrás e ELE TAMBÉM NUNCA VOLTOU. e sem cópias. mas duvido que John Collier o tenha copiado. Ele prov. tem mais talento que eu e não precisa fazer essas coisas. A história do macaco me rendeu bem, no entanto; eu normalmente a conto para as damas na cama depois que tudo já foi feito e estamos mais ou menos relaxados. Fry achava o relato maravilhoso, e outra dama exclamou "Ah, eu vou chorar, eu vou chorar, foi tão triste e lindo!", e chorou. Acho que o motivo para não ter voltado (ao conto) era que eu estava falido e bebendo na época e estava imprimindo as coisas à mão com tinta. Finalmente cheguei ao ponto de conseguir imprimir mais rápido do que escrevia manuscrito e sempre que eu escrevia alguma coisa eu imprimia e as pessoas diziam "Qual é o seu problema? Você não sabe escrever?". Não posso responder isso. Não sei se sei escrever ou não. Mas com certeza estou deitado no bolonha essa noite... bolonha verdadeiro e azul e com a barriga cheia.

*Essa* Toilet Paper Review *é anterior à versão publicada em* Screams from the Balcony [Gritos da varanda, em tradução livre] *(1993)*.

[PARA JOHN WILLIAM CORRINGTON]
FINAL DE ABRIL DE 1962

Tive uma ideia, Willie. Vamos você e eu lançar uma publicação. Chamá-la de *The Toilet Paper Review* [Crítica do Papel Higiênico, em tradução livre]. Nem vamos precisar de um duplicador. Só vou comprar um rolo e datilografar nessa máquina de escrever.

Vamos, só você e eu, publicar todos os nossos velhos poemas de que não conseguimos nos livrar na *Toilet Paper Review*. Uma cópia para a *Trace*, uma para Deus, uma para Sherman e outra para a puta do Sherman que aguenta. De qualquer forma. De qualquer jeito.

*The Toilet Paper Review*
Editada por William Corrington e Charles Bukowski
Vol. I, #1
se cê quiser ver televisão
a gente tá cagando

"Me ajoelho",
de William Corrington

as pernas têm que correr
mas me ajoelho
diante de flores femininas —
sinto o aroma do esquecimento
e o agarro
claro
e noites
horas das noites
grisalhas noites
assentem
e depois

"Escultura",
de Charles Bukowski

Harry, resto feito
o rosto e então fora do Rosto

posto: peixe, elmos, caramelo
e saímos
e saímos
e — levanta a agulha ou
rompe a fita, não aguento
mais
andei 18 quarteirões
voltei, e o rosto
ficou do tamanho do quarto
e eu soube:
estava doido.

"O beco que nos espera",
de William Corrington

acho que seguimos
perdas e perdas
seguimos
até a última perda
dizer em um beco,
sangue correndo como
uma gravata, ha ha, somos
enganados e surrados até a morte
fora de qualquer barganha
qualquer amor ou descanso
mãos na parede, aaaaaa!,
trânsito (grr!!) vai,
sujos amantes e votos
de amantes indecentes, peixe doente peixe
vai com a maré
aaaaa! mi cabeça

caindo, estamos quase
no sonho escuro,
nunca gênios agora
sol traz tulipas, chuva traz
minhocas, Deus traz gênio
e descarta gênio tulipa
minhoca e começa de novo
novas coisas sempre
cansativo, cansativo pensar
corpo chato agora
ratinhoz noz meus sapatos
fogem de novo
sou visto por um menininho
e ele também
corre, corre
mas vão pegá-lo
como tulipas
como vovô
como Belmonte
como pedras grandes que quebram
em areia
que corta no sangue
perdas e perdas
onde quer que
estejamos.

(E ainda cagamos se cê vê TV ou não. Precisamos de
assinantes. Ajude, por favor.)

## [Para John William Corrington]
### Maio de 1962

[...] Recebi uma carta de uma mulher hoje. Ela me solta um Nietzsche: "o que fazemos nunca é compreendido, apenas elogiado ou culpado". E então diz: "Isso deve ser o que você quis dizer quando falou da má influência do elogio na sua carta. Mas, pense — ser elogiado E compreendido! Aqui, meu Amigo, está o único tipo de paraíso prático para o escritor, o pintor ou o compositor...". "Muito verdade — o artista certamente deve ir de uma criação para a próxima, mas nenhuma delas é um novo começo de todo — nada nunca tem um novo começo de verdade. Uma criação evolui da outra. Um propósito se transforma em dez mil outros. Quando você encontra um pensamento inspirado, na sua cabeça, com certeza não pode pensar que ele é novo a ponto de tirar o fôlego? Ele veio de séculos de criações submersas de ideias. Mas eu não pretendia começar um 'ensaio' longo e arrastado..."

Bem, graças a Cristo por isso.

Que monte de preconceitos da porra e que visão pobre e contida. Essas pessoas inteligentes me quebram as bolas. Cada começo para mim (PARA MIM!!!) é um NOVO COMEÇO. Deus, é. De que outra forma eu sei se estou morto ou não? o que sacode. o que dá. as bocetas. preciso ver as bocetas. Cada flor é uma nova flor. As outras estão mortas. Boas elas eram, mas mortas. Sei, quando olho para uma ponte ou um prédio, que essa coisa é uma COMPILAÇÃO do assim chamado conhecimento. Então vá foder um cavalo. Quando escrevo um poema, acrescento um parafuso, um parafuso de nariz vermelho com um meio azedo e uma bunda sangrenta. Ou, talvez — ainda melhor —, EU RETIREI UM PARAFUSO. Mas não quero ser martelado por esses ensaios cheios de propósito. Se essa vadia quiser vir até aqui e me cavalgar até perder as molas, ok, senão meus pensamentos não são "inspirados".

Alguém disse que viu Mailer na TV. Que é bem neurótico e não consegue finalizar uma frase. Mailer pode não ser muito, mas o que isso tem a ver com escrita? Se uma pessoa é bem N. e não consegue finalizar as frases tem boas chances de ela ser um escritor melhor do que o contrário. Qual o problema? Todo mundo vê as coisas ao contrário [...]

Gosto das suas cartas mais que das cartas de Henry Miller. As de Miller parecem muito reclamadas e meladas, como se ele estivesse tentando fazer Walter L[owenfels] subir em algum lugar. E aí essa coisa do Huxley. H. imita M. só um pouco além da conta, só com um pouco de força demais. Quase como se Miller pensasse que Huxley é quase bom e precisasse pisar nele um pouco para empurrá-lo para baixo. Huxley não devia te incomodar se você tomar Huxley por Huxley, um bretão aristocrata muito culto, muito educado e quase brilhante que esqueceu onde o sangue estava. Mas um escritor divertido. É como ir a uma peça de teatro que saiu da Broadway depois de uma temporada de 13 dias. Você não espera Shakespeare. Então por que as lanças?

[PARA JON WEBB]
14 DE SETEMBRO DE 1962

Não sei como escrever uma "carta de aceite". Sei escrever cartas de demissão, ou uma carta assim:

Gata:

Sei que não está mais bom. Fico andando por aí e pensando nisso enquanto você está no trabalho. Estou terminando a cerveja. Encontrei dez dólares na cômoda e estou indo embora. Deixo para você meu *exemplar de* Anatomy for the Artist [Anatomia para o artista, em tradução livre], *de Jeno Barcsay, e as 2* Enciclopédias de Grandes Compositores, *de Milton Cross.*

*Cuide do cachorro. Cristo, como amei aquele cão!*

*Seu,*

*Bubu...*

Então espero que esse prêmio não seja para afastar tirar a faca do meu pescoço, embora ele possa muito bem fazer isso. Ainda assim, homens melhores que eu deixaram seu sangue sobre dálias secas. Só espero poder soltar mais algumas coisas que deixem entrar um pouco mais de luz em mim e em tudo mais.

Isso, é claro, é o propósito do Artista, além de tentar não ficar louco. No geral, não importa quão pessimistas, analíticos ou matemáticos fiquemos a respeito disso, não consigo deixar de pensar que existe nobreza na batalha, que a morte foi um pouco ajustada, que, em nosso pranto e nosso riso e nossa raiva nós deixamos alguma marca, alguma estrada, algo a que *se agarrar* além do nosso amor na cama do amor, além de lampejos de noite e lápides. [...]

Ainda estou atordoado com essa coisa do prêmio e ando por aí sentindo o gosto dele na ponta da língua. Existe muito de infantil em mim. Se você decidir ir em frente com isso e quiser usar cartas ou partes de cartas, tudo bem. Acho que a carta em si é importante como forma, assim como a forma-poema, e tem uma maneira de se expressar que a forma-poema não tem, e vice-versa. Hoje é um dia estranho. Eu quase me sinto bem. [...]

A única coisa que você sabe, Jon, é o que eu sei: que arte é arte e nomes são secundários. Não somos políticos da cena literária. Black Mountain,* Nova Crítica, *Folder,*\* Costa Oeste, Costa Leste, G. com A., L com X, não sabemos quem está dormindo com qual fulano de merda e não ligamos para isso. Por que é que esses escrotos formam círculos? Por que reclamam? Caralho de monte de lambedores de tetas e bolas tentando apagar todas as vozes exceto as deles. É natural. Sobrevivência. Mas quem quer sobreviver como um lambe-bolas exceto aqueles que se gabam disso? Como você sabe, eu mesmo fui um pouco editor e conheço a imensa pressão. Você me publica e eu te publico. Sou amigo de J. B. (e não estou falando do *J. B.* da MacLeish). Todo mundo tem medo da *Trace*. [James Boyer] May sai em metade ou em $^3/_4$ das revistas desse país não porque seus poemas são bons, mas porque ele é o editor da *Trace*. Isso está errado. Definitivamente. E existem outros erros que invadem a cena como gosma. Arte é Arte e Arte deveria ser seu próprio crivo.

Você acha que estou mesmo ficando louco? Por que escrevo uma carta tão longa? Algo está escorrendo daqui.

É isso que acontece quando você entalha poemas? Tudo desmorona? Seu emprego, sua vida, sua esposa, seu país, sua mente. tudo menos seu amor pelo som da palavra, o entalhe, o entalhe, entalhe, entalhe... a, meu deus, sim

> Sei o que Van Gogh sentia
> Me pergunto se ele levava merda e sangue nas calças
> e se em orelhas de elefante pintava.
> Que chance têm esses meninos, poetas de quinta e

---

\* Poetas de Black Mountain, grupo de poetas experimentais associados ao Black Mountain College, na Carolina do Norte. A principal proposta do movimento foi o verso projetivo, e seus principais nomes foram Charles Olson, Larry Eigner, Robert Duncan e Hilda Morley. [*N.T.*]

\*\* Revista literária de poesia ativa até hoje. [*N.T.*]

operários
enquanto tomam leite de cabra, batem ponto,
têm filhos, mudam-se para Glendale, votam em Nixon,
enceram carros, enterram vovó, tomam vitaminas,
como conseguem. ah, como conseguem????
ficar *fora* do fogo?

Me diga, por favor, se você pode fazer o que é seguro e ainda cantar a linda canção do louco? Não. Eu te digo. É impossível. Então... existe o outro tipo, igualmente nojento, que *interpreta* o Artista e não tem a Arte. Barbas. Mary. Sandálias. Jazz. Chá. H. Cafeterias. Meio homo. Nirvana em um cadarço. Leituras de poesia. Clubes de poesia. Argh. Preciso parar. Estou enjoado demais de tudo.

*Bukowski responde a uma carta de Felix Stefanile, escrita em reação à nomeação de "Outsider do ano" pelos editores da* Outsider.

## [Para Jon Webb]
### Fim de outubro de 1962

[...] Sobre Stefanile; pessoas como Felix estão confusas. Elas têm todos esses conceitos e pré-conceitos a respeito do que a poesia *deveria* ser. Na maioria ainda estão no século 19. Se um poema não se parece com Lord Byron, então você está cheio de farelos na cama. Os políticos e jornais falam um monte sobre liberdade, mas no momento em que você começa a aplicar qualquer um deles, seja na Vida ou na forma-Arte, você é candidato a uma cela, ao ridículo ou à incompreensão. Eu às vezes penso quando coloco aquela página em branco na máquina... você logo vai estar morto, todos nós logo estaremos mortos. Bem, talvez não seja tão ruim estar morto, mas enquanto você está vivo pode ser melhor viver da fonte enfiada dentro de você e, se você for honesto o suficiente, pode acabar no tanque de bêbados 15 ou 20 vezes e perder alguns empregos e uma esposa ou 2 ou talvez socar alguém na rua e dormir em um banco de praça de vez em quando; e se você vier ao poema, não vai se importar muito em escrever como Keats, Swinburne, Shelley; ou em agir como Frost. Não vai se importar com espondeus, contagens ou se os finais rimam. Você quer registrar isso, duro, cru ou de outro jeito — de qualquer jeito que você consiga mesmo dizer. Não acho que isso signifique que eu "frequento a esquerda"... "performando com as duas mãos" e com minha voz a todo volume, como o sr. S. diz, "balançando seus poemas como uma bandeira". Isso denota na verdade um sentimento de ser ouvido a qualquer custo. Denota arte ruim pela fama. Denota de alguma forma a peça teatral e o falso. Mas essas acusações aconteceram em todos os séculos, em todas as Artes — e continuam agora na pintura, na música, na escultura, no romance. A massa, tanto a massa real quanto a Artística (no sentido apenas de grandes números praticantes), sempre está muito pra trás, praticando segurança não apenas na vida material e econômica, mas na vida da assim chamada alma. Se você usar um chapéu de palha em dezembro você morre. Se escrever um poema que escape à hipnose de massa da poesia lisa e macia do século 19, eles acham que você escreve mal porque não soa bem. Eles querem ouvir o que sempre ouviram. Mas esquecem que é preciso 5 ou 6 homens bons todo século pra empurrar a coisa para fora da secura e da morte. Não estou dizendo que *eu* seja um desses homens, mas estou com certeza dizendo que *não* sou um dos outros. O que me deixa pendurado — DO LADO DE FORA.

Bem, Jon. Eu diria publique a coisa com Stefanile, se achar espaço. É um ponto de vista. E eu bem que preferiria ser descrito como pedreiro ou pugilista a ser descrito como poeta. Então não é tudo tão ruim assim.

[AOS EDITORES DA *COASTLINES*]
FINAL DE 1962

Bio? Sou insano e velho e falo bobagem, fumo como as florestas do inferno, mas me sinto melhor a cada dia, quer dizer — pior e melhor. E quando me sento à máquina é como entalhar tetas em uma vaca — uma coisa enorme e ótima. Então, também, percebo que preciso correr com o latim e a pose e o esnobismo e o Pound e o Shake[speare] e alô, alô, inferno — qualquer coisa que faça a coisa correr, iuhu! Mas eu sou ruim como falso, então muitas vezes escrevo um poema ruim, escrito quase todo por mim mesmo em vez de um bom poema escrito quase todo por outra pessoa. Embora, é claro, eu não possa jurar isso. Exame e reexame. Por que tentar? Aqueles que se sentam constantemente em salas de concerto adoram a criação, mas não conseguem criar. Eu vou às corridas de cavalo, onde eles também têm barras. Salvem os deuses loucos que criaram essas belas coisas que giram.

# 1963

[PARA JOHN WILLIAM CORRINGTON]
20 DE JANEIRO DE 1963

[...] Agora que você é C[harles] P[iercy] Snow e Lion[el] Trill e T. S. e os desejos vulgares dos prendedores de cabelo serão listados, é melhor eu continuar do seu lado, seu bom lado, seu lado-Deus, onde eu imagino que sua .357 esteja enfiada enquanto você dança a sarabanda. Tudo isso é bem interessante, já que você é bem melhor poeta do que crítico e, enquanto você está falando sobre outras pessoas, outras pessoas deveriam estar lendo você, você está soltando vapor como um caminhão de gelo-seco virado na estrada de San Berdo. De qualquer jeito, isso vai se resolver sozinho... Sobre [Robert] Creeley, sim, é mais ou menos um truque; a poesia (dele) é tão branca, seca e vazia que eles imaginaram, bem, sim, Jesus Cristo, acho que é realmente algo porque não tem nada lá e esse homem deve SER tão MUITO SUTIL E INTEELIGENTE, Cristo, sim, porque parece que não entendo o que ele tá fazendo. É como um jogo de xadrez jogado em uma sala ensolarada com o aluguel de dez anos pago com antecedência e ninguém sabe quem é o vencedor porque o vencedor cria as regras e não se esforça muito. Se você acordar em um beco escuro com a camisa rasgada e se erguer pela parede, o vento frio entrando pelos seus joelhos e suas bolas, e sua boca estiver cheia de sangue e tiver alguns nós na sua cabeça e, quando você enfiar a mão no bolso, o de trás, você tiver aquela sensação vazia de mão sobre bunda, nada de carteira, todas as 500 pratas, carteira de motorista, número de telefone de Jesus, você não é poeta, só foi pego fora de lugar e não sabe como agir. Quando a cadela de peitos grandes riu de todas as suas piadas você devia ter enfiado o vidro bem na pegadora dela. Os Creeley nunca vão conhecer a morte; mesmo quando ela chegar, vão pensar que é pra outra pessoa. [Gregory] Corso pelo menos pensa na Morte. É Corso. Se o nome dele fosse Hamacheck ele nunca teria ficado famoso. O mundo da Arte é como um monte de hera crescendo por toda parte. Tudo depende da chuva e da sorte e de onde o prédio está e de quem passa e o que cê tá fazendo, tipo que hera está subindo com você ou dormindo com você ou que galera de Black Mountain, ou deus, preciso parar, estou enjoado.

[PARA JOHN WILLIAM CORRINGTON]
9 DE MARÇO DE 1963

[...] Acho que não existe uma coisa tipo *Outsider #3*. Eu me sinto como quando era um moleque no colegial, quando me faziam sentar em uma cabine telefônica para esperar o diretor, um escroto de aparência distinta, cabelos grisalhos, compridos, pincenê, voz vitoriana, e ele me dava uma bronca depois de ter me deixado naquela cabine por uma hora esperando com um exemplar do *Ladies Home Journal*. Esqueci o que tinha feito; parecia assassinato. Alguns anos depois eu li onde enfiaram o velhaco por desvio de verbas. De qualquer jeito, com a *Outsider #3*, agora, estou sentado

SOBRE A ESCRITA

na cabine telefônica, esperando. Você não pode me culpar por ficar ansioso. Não faz 8 meses que eu estava sentado na beira do penhasco testando lâminas com a ponta do dedão.

*Corrington escreveu "Charles Bukowski: Três poemas", publicado na* Outsider *#3, além de "Charles Bukowski at Midflight"* [Charles Bukowski em voo, em tradução livre], *uma introdução a* It Catches My Heart in Its Hands [Pega meu coração em suas mãos, em tradução livre] *(1963)*.

[PARA JOHN WILLIAM CORRINGTON]
19 DE MARÇO DE 1963

Recebi o número 3 da *Outsider* e uvas fantoccini e salve!!!! — eis que na capa eu apareço, torturador de ratos, bebês e velhinhas, e a honra é pesada, quase pesada demais para suportar, então, você sabe, eu fiz a coisa fácil, fiquei bêbado, mas, na verdade, a coisa ainda precisa ganhar a forma da realidade e eu sei que esse tipo de conversa cansa, mas eles não podem nunca mais me acertar de verdade porque essa coisa foi feita por essas 2 pessoas do jeito mais difícil que tem, e não é de espantar que eles estejam interessados em OUTSIDERS, porque, você não vê, é isso que ELES são? E, mais agradável de tudo, eles não me mutilaram ou transformaram em aberração, só deixaram tudo ser como é. Isso é o que acontece quando editores têm ALMAS, e depois de lutar e odiar editores minha vida toda, chegamos a isso: um quase encanto do trabalho, maneiras e milagre dessas 2 pessoas — não porque elas me colocaram em uma capa, imprimiram umas cartas etc.; mas pela maneira grandiosa, eles fizeram isso tão bem que nem orgulho nem honra se perderam. Estou muito ciente de que minha mente alguma hora vai amolecer de bebida e idade — se eu viver —, mas nada fora a morte vai realmente tirar esse tempo de mim. Todas as paredes e putas e dias e noites de inferno não conquistaram isso pra mim. Eu tive sorte. E já que tive... azar... pego e aceito esse #3, eras da minha vida desaparecidas, quase, tudo desaparecido, menos isso.

Não consigo superar quão bem eles fizeram isso. Devem entender mais de mim do que eu entendo de mim mesmo.

E, agora, além de tudo, recebo esses bilhetes de Jon, pedaços de papel azul etc.: "Você logo estará no livro... Corrington decaindo, ocupado, ocupado, ocupado...".

Um livro, além de tudo isso, parece quase impossível, mas a menos que você pense que fiquei mole — a alegria de fato entra aqui — entenda que certa permissão com 2 ou 3 pessoas não significa que eu fiquei mole (ainda?) da cabeça. Não sou como Frost: ele teve uma briga de amantes com o mundo e ganhou; eu tive uma briga de lutador com o mundo e perdi. Pretendo seguir perdendo, mas duvido que pretenda parar de lutar. Existe uma diferença e, se eu falar bem de 2 ou 3 pessoas, é porque a fala abre caminho e eu não sei como guardá-la, não quero. [...]

O que quero dizer, Willie, é: você fez um bom artigo com meus 3 poemas e espero que faça intro para o livro, você é uma das coisas mais sortudas que me aconteceu, fora Jane e um cavalo que me pagou 222,60 dólares ou algo assim por uma aposta 2 ou 3 anos atrás. Em resumo. Jane morreu. O cavalo prov. morreu. Você está aqui. Eu oro. Você, como Jon e Louise, me fez uma grande honra e saiba que digo isso... sem pressão, coerção... digo isso porque é pra você, aceito com gentileza e calor, seu canalha do Sul, e "The Tragedy of the Leaves" [A tragédia das folhas, em tradução livre] eu me lembro (como um poema) era o melhor deles todos. "Old Man, Dead in a Room" [Velho, morto em um quarto, em tradução livre] pode ainda seguir verdadeiro. Se eu escrevi meu próprio epitáfio (que é o que eu quero que seja), foi porque em algum momento antes do tempo pude ver isso se tornando verdade e ainda mantenho isso. Fama ou imortalidade não serão para mim. Na verdade, nem quero. Quer dizer, é horrendo, delicado, cinzento, engraçado, o quê?? Ele que quer enfiar sua porra de pinto do eu naquele amanhecer comprido e escuro com PROPÓSITO deve ter feito algo muito errado consigo mesmo, ou deve ter sujeira embaixo das unhas.

*Editor da* Northwest Review *na época, Van Aelstyn publicou, na edição do outono de 1963, a primeira tradução para o inglês de "Para acabar com o juízo de Deus", de Antonin Artaud, poesias de Philip Whalen, uma entrevista com Fidel Castro, um poema de Bukowski e "Charles Bukowski and the Savage Surfaces"* [Charles Bukowski e as superfícies selvagens, em tradução livre], *de William Corrington. Sexo, insubordinação e obscenidade, tudo ao mesmo tempo, incomodou tanto o conselho de doadores da universidade que a revista foi temporariamente suspensa em 1964.*

## [PARA EDWARD VAN AELSTYN]
### 31 DE MARÇO DE 1963

Recebi seu ok nos 2 poemas, "A Drawer of Fish" [Desenhista de peixes, em tradução livre] e "Breakthrough" [Superação, em tradução livre].

Quanto à *Outsider* #3, Webb faz do jeito difícil, é claro, e, praticamente sozinho, então quando ele encontra um grupo precioso com equipe e shorts de caminhada reunidos em uma montanha na Carolina do Norte (ou onde quer que a Escola de Black Mountain tenha se originado), isso ferve a mente dele (algo já acertado antes que nós — os leitores — cheguemos lá), e dessa vez explodiu. Claro, durante toda a história das Artes — pintura, música, lit., essas escolas existiram, às vezes porque o artista individual era fraco demais para fracassar sozinho (é muito mais fácil ter sucesso sozinho), outras vezes porque grupos de artistas foram *transformados* em escola pelos críticos; mas, inferno, você sabe de tudo isso. O que eu gostaria de apontar, contudo, é que Webb deu espaço a Creeley e deu espaço aos Creeleyites com base apenas na aparente fraqueza ou força do trabalho deles; mas a objeção que Webb expressa é que eles são incapazes de trabalhar sozinhos e que existe uma rede de defesa que é convocada sempre que (parece) um dos membros sagrados é criticado.

Minha crítica a Creeley é muito mais (aparentemente) cruel: acho que ele não sabe escrever. Tenho certeza de que pensa o mesmo de mim.

Só existem uma ou 2 coisas que um artista pode fazer: continuar escrevendo ou parar de escrever. Às vezes ele continua e para ao mesmo tempo. No fim das contas, é claro, o Crítico Imparcial pega todos nós e, então, paramos de vez.

Fico feliz que você pense em guardar a alma, isso foi muito esquecido por vários ou é visto como uma Bobagem Romântica de um passado não implementado quando parecia que não sabíamos tanto a respeito de nós mesmos quanto sabemos agora. Mas o básico segue o mesmo: se você rolar na merda por tempo suficiente você vai se parecer com ela. A única coisa que temos a fazer é descobrir o que é, para não rolarmos nela. Eu detestaria tanto dar uma aula de inglês para o primeiro ano quanto apertar parafusos em uma fábrica. Os dois são desanimadores o suficiente. E, quando você terminar essa parte, o lazer que nos resta espera por nós. Esse é o grande truque. E, muitas vezes, não importa quão bem você faça o truque, a outra parte — apertar o parafuso, dar aula de inglês — te devora. Alguns artistas (mais no passado, sinto, que no presente) ganham mais lazer ao não

SOBRE A ESCRITA

trabalhar e portanto passam fome para poder ganhar Tempo, mas isso muitas vezes contém uma armadilha com dentes: suicídio ou loucura. Agora consigo escrever melhor, acho, de estômago cheio, mas talvez seja porque me lembro de todos os anos em que ele esteve vazio e que será, provavelmente, assim de novo. Salvar a alma depende do que você faz — e não das coisas óbvias — e do que e quanto você tem para começar e quanto você pode possivelmente sequer *ganhar* ao longo do caminho. Existem salvadores de almas profissionais, intelectuais, que seguem a fórmula padrão e portanto são salvos apenas de uma forma padrão — que é como não ser salvo coisa nenhuma. As poucas pessoas que conheço às vezes me perguntam, "Por que você bebe e vai às corridas de cavalo?". Faria muito mais sentido para elas se eu ficasse dentro de casa durante um mês encarando as paredes. O que elas não percebem é que eu já fiz isso. O que elas não percebem é que, se eu não ouvir o clique e o ruído de palavras nas minhas entranhas, eu já era, e então vou a lugares que ajudam isso a acontecer (a garrafa) (a multidão), por enquanto. Mais tarde, talvez, eu não me importe.

Isso de escrever o poema muitas vezes traz estranhas damas à porta, batendo, e elas acham que poemas significam amor, então preciso dar amor a elas, e pode ser isso — ha ha! — o que sobrou da alma... ir ali. Acho que parte disso é em volta da barriga. A última acabou de ir embora essa tarde depois de 4 dias e noites e eu me sento para escrever pra você essa coisa sobre... estética e a Escola de Black Mountain e que recebi seu ok sobre os 2 poemas e, claro, posso usar o cheque também. Está uma tarde quente e longa, de certa forma, os olhos todos manchados de amor... me espiando por entre os estrados da cama enquanto leio os resultados das corridas... maldição, maldição, isso é viver? É assim que se faz? Com 9 garrafas de cerveja e 16 cigarros sobrando, na última noite de março de 1963, Cuba e o Muro de Berlim, e essas paredes aqui rachando, eu rachando, frágeis 42 anos desperdiçados... van, van, a Fera não é a Morte...

*Corrington publicou "Charles Bukowski and the Savage Surfaces" na Northwest Review em 1963. As frases que Bukowski cita quase literalmente a seguir pertencem a "Westron Wynde", que se acredita ser um poema medieval em fragmentos.*

## [Para John William Corrington]
### 1º de maio de 1963

bandeiras vermelhas penduradas por toda parte; shorts vermelhos de qualquer forma... 3 poemas rejeitados devolvidos por [Sergio] Mondragón, muito seco. tudo normal agora e vejo pelos meus 2 olhos da frente.

...sobre a poesia das superfícies, fico feliz por ser selvagem como acusado, feliz de não pertencer, e você entende isso, é claro, porque parece ver muito bem além do óbvio. Passei minhas horas na biblioteca com Schope[nhauer] e Ari[stóteles] e Platão e o resto, mas quando algum tipo de dente está se enfiando em você não é hora de calma e meditação. Duas vezes hoje nas corridas pessoas vieram até mim, a primeira perguntou: "Ei, você já trabalhou em uma fábrica da Studebaker?". O outro cara foi pior; ele disse: "Me diga, você já não dirigiu um caminhão de pães?". Eu não fiz nenhuma dessas coisas, mas fiz muitas coisas desse tipo que meio que amoleceram minha cabeça para uma forma de sapo desencantado e eles imaginaram que eu não aguentava mais, o que era verdade, só que eles estão pensando em termos de algum outro pobre coitado que não aguentava mais. Poesia & pensamentos de elegância e renda são para aqueles que têm tempo pra isso. Deus está bem longe de mim, talvez dentro de uma garrafa de cerveja por aí, e claro, eu sou rude, eles me fizeram rude, e em outro sentido sou rude porque quero trabalhar as coisas até onde elas estão — ou seja, a faca entrando, ou encarar o cu de uma puta, é ali que o trabalho está acontecendo e não quero ser enganado demais e não quero enganar mais ninguém. Digamos, mesmo subconscientemente, que esse eu que tenho esteja pensando em termos de SÉCULOS, o que é algo duro. Boa parte de eu me fazer de burro ou rude ou tedioso é feita para *eliminar* merda. Talvez eu entenda que essa coisa vai feder bem se eu disser um monte de coisas que acho que *podem* ser verdadeiras em conjectura. Acho que poderia enganar os meninos. Acho que poderia pegar pesado. Posso atirar vocabulário como ingressos rasgados, mas acho que alguma hora as palavras que serão salvas são as palavras pequenas e pétreas que são ditas com sinceridade. Quando os homens são sinceros eles não falam isso em palavras de 14 letras. Pergunte a qualquer mulher. Elas sabem. Fico lembrando de um poema que li com vários outros poemas de uns séculos de idade, bem velho, e é verdade que quando você volta o suficiente as coisas se tornam simples, claras e boas porque talvez isso seja o que foi salvo, talvez isso seja tudo o que os anos podem suportar, ou talvez os homens fossem melhores naquela época, talvez toda aquela parte pesada, falsa e cremosa dos séculos 18 e 19 tenha sido uma reação à verdade, os homens se cansam da verdade, assim como se cansam do mal, mas quem sabe — de qualquer forma, em todos esses poemas envelhecidos havia um que era mais ou menos assim, bill:

ah, deus,
ter meu amor nos braços
de volta na cama
outra vez!

isso é rude. Eu gosto.

Então pessoas disseram "Por que você vai às corridas de cavalo? Por que você bebe? Isso é destruição". Inferno, sim, é destruição. Assim como trabalhar por 17 dólares a semana em Nova Orleans é destruição. Assim como as pilhas de corpos brancos, velhos tornozelos e canelas e merda espalhada nos lençóis do Hospital Geral de L.A.... os mortos esperando pra morrer... os velhos sugando o ar doido com nada além de paredes e silêncio e uma tumba no interior, como um lixão, esperando. Eles acham que não dou a mínima, acham que não sinto porque meu rosto está pronto e meus olhos foram arrancados e estou aqui com uma bebida, olhando o formulário de corrida. *Eles* sentem de uma forma tão BOA, os escrotos, os canalhas, dando sorrisos pegajosos, sugadores de limão, soltadores de bosta, eles sentem, com certeza, da FORMA CORRETA, só que não existe nenhuma forma correta, e eles sabem disso... alguma noite, alguma manhã, ou talvez algum dia em uma estrada, o último rumor de vidro e aço e bexiga sob a luz rósea do sol. Podem ficar com suas heras e seus espondeus e enfiá-los na bunda... se já não tiver alguma coisa lá.

Além disso, vale a pena ser rude, cara, VALE A PENA. Quando essas mulheres que leram minha poesia batem à minha porta e eu as convido pra entrar e sirvo uma bebida e nós conversamos sobre Brahms ou Corrington ou Flash Gordon, elas sabem o tempo todo que VAI ACONTECER e isso torna a conversa legal

porque logo, logo o canalha vai só
 vir aqui e me agarrar
 e começar
  porque ele viveu
  ele é RUDE

E, então, porque elas esperam por isso, é o que eu faço, e isso tira várias barreiras e conversa fiada do caminho rápido. Mulheres como touros, crianças, macacos. Os meninos bonitos e os explicadores do mundo não têm nenhuma chance. Eles acabam batendo punheta no armário.

Tem um cara lá no trabalho, ele diz, "Eu recito Shakespeare pra elas".

Ele ainda é virgem. Elas sabem que ele tem medo. Bem, todos nós temos medo, mas seguimos em frente.

*Editor e publisher da* Wormwood Review, *Malone publicou Bukowski em quase cem edições ao longo dos anos, consolidando um dos mais frutíferos relacionamentos literários que Bukowski teve.*

### [PARA MARVIN MALONE]
#### 5 DE AGOSTO DE 1963

Bem, eu subi com o envelope pesado, pensando bem, eles prov. ainda estão todos aqui, é duro como mandar elefantes pela lama, mas abri a coisa e descobri que você tinha aceitado ONZE, o que é muito, não importa quantos eu tenha mandado. Não sei muito da avaliação que você deu pro resto; não sou viciado em ler minhas coisas depois de escrevê-las. É como se apegar a flores murchas. Dizem que Li Po queimava as suas e as mandava rio abaixo, mas acho que, no caso dele, ele era um bom autocrítico e só queimava as coisas ruins; então quando o príncipe aparecia e pedia alguma coisa ele puxava uma boa de sua barriga — ali na pintura da boneca da Manchúria com olhos azuis. [...]

Espero que, quando seu coeditor voltar, ele esteja se sentindo bem... escrever é um jogo bem engraçado. A rejeição ajuda porque te faz escrever melhor; a aceitação ajuda porque te mantém escrevendo. Vou fazer 43 anos em 11 dias. Parece ok escrever poesia aos 23, mas quando você está nessa aos 43 precisa concluir que tem alguma coisa errada na sua cabeça, mas tudo bem — outro cigarro, outra bebida, outra mulher na sua cama e as calçadas ainda estão lá e os vermes e as moscas e o sol; e é problema de cada um se um homem prefere brincar com um poema a investir em imóveis, e onze poemas são bons, que bom que você encontrou tantos. As cortinas ondulam como uma bandeira sobre meu país, e a cerveja é grande.

# 1964

*Escritor americano de esquerda e editor em uma pequena editora, Conroy era mais conhecido por seus escritos proletários, com os quais Bukowski podia facilmente se identificar.* The Disinherited *[O deserdado, em tradução livre], publicado em 1933, trata da vida de Conroy como o filho de um mineiro desempregado durante a Grande Depressão.*

[PARA JACK CONROY]
1º DE MAIO DE 1964

Obrigado por *The Disinherited*, que já li e que agora está à minha direita enquanto datilografo isto; estou escutando a 6ª sinfonia de Tch[aikóvski] e bebendo uma cervejinha; cansado; apostei em um cavalo quatro de milha hoje e é um ganho certo, ou decadência, ou afiar as facas, tudo muito deprimente — mas o livro, o livro, sim, foi bem e o que me interessou foi que ele mostrava como era no geral para pessoas como eu e você e pessoas que conhecíamos e conhecemos; como era e, pelo meu dinheiro, como ainda é. É um inferno ser pobre, isso não é segredo; é um inferno estar doente sem dinheiro, com fome sem dinheiro; é um inferno estar doente e com fome para sempre até o último dia. Os empregos esquecidos por Deus que a maioria de nós precisa manter; os empregos esquecidos por Deus que a maioria de nós precisa *caçar*, pelos quais precisa implorar; os empregos esquecidos por Deus que odiamos com todo o nosso espírito cansativo e nos quais ainda precisamos nos esforçar... meu Deus, os alcoólatras, os poetas, os suicidas, os viciados, os loucos que isso tudo vomita de volta! Não entendo por que precisamos viver de forma tão horrível, medonha e obviamente abjeta em um século no qual a civilização conquistou com toda a sua energia uma força grande o suficiente para matar todos nós. Acho que, se é possível destruir a vida completamente, então, por Cristo, também é possível permitir que a vida seja completamente vivida. E quero dizer *completamente*; não quero dizer só o suficiente para permitir que nossos milionários e estadistas tenham a chance de escapar para algum planeta depois de terem fodido com as coisas aqui... Mas estou me desviando do livro e é um bom momento para uma reimpressão porque os mesmos empregos infernais ainda estão aqui, o mesmo descarte do velho, o mesmo sentimento de dureza que torna um homem desempregado um pária social sem desculpas, sem uma voz, sem uma chance. Conheço a quase impossibilidade da sobrevivência. Trabalhei por 17 dólares a semana na Louisiana e fui despedido quando pedi por um aumento de 2 dólares na semana. Isso foi em 1941. Trabalhei em abatedouros, lavei louça; trabalhei em uma fábrica de lâmpadas fluorescentes; pendurei pôsteres no metrô de Nova York, esfreguei vagões de carga e lavei trens de passageiros nos pátios ferroviários; fui estoquista, atendente de logística, carteiro, mendigo, frentista, homem do coco em uma fábrica de bolos, caminhoneiro, atendente em uma distribuidora de livros, carregador de garrafas de sangue e espremedor de tubinhos de borracha para a Cruz Vermelha; jogador de dados, apostador de cavalos, doido, louco, deus, não consigo lembrar de tudo, mas lendo seu livro muito me voltou.

Eu me inscrevia em bicos ferroviário para viajar pelo país. Uma vez fui de Nova Orleans a Los Angeles assim; outra vez de L.A. pra Sacramento. Eles nos davam latas geladas de comida que precisávamos abrir batendo no encosto dos assentos ou em outros lugares porque não tínhamos abridor de latas. Essas latas geladas e podres eram cobradas da nossa conta e descontadas de nossos primeiros pagamentos, além, imagino, dos custos da viagem. Não sei — eu estava sempre saltando fora. Outros também. Mas os que ficavam eu entendo que trabalhavam um bom período por nada. Sempre tinha alguém com uma garrafa e um par de dados e nós pegávamos nossos cupons de comida, uma vez, que serviam em um lugar no centro de L.A. e ficamos bêbados de cerveja lá com mais 6 ou 7 outros e apertamos as mãos e nos separamos. Bolas, não é do seu livro que estou falando, mas quero que você saiba que eu entendi muito dele, e obrigado de novo por mandar. Não estou dizendo que você é o Jack London; estou dizendo que você é o Jack Conroy, o que não tem problema.

*Outro poeta e jornalista de esquerda, Lowenfels editou várias antologias que continham poemas de Bukowski nos anos 1960.*

## [PARA WALTER LOWENFELS]
### 1º DE MAIO DE 1964

[...] Não sei quem é Juvenal; quando larguei *Daily Racing Form* meus olhos doíam.

Estou olhando pela janela para uma colina cortada no meio e tenho 7 latas de cerveja na geladeira. A vida é boa.

Porra, escrever é como a maioria dos escritores pensa que é: bem quando eles começam a achar que estão indo bem, eles param totalmente.

Espero durar mais uns rounds, mas sei que a coisa está esperando ali, aquela coisa que destrói a maior parte de nós muito antes de estarmos mortos, aquele tigre, aquela puta, aquele pano preto, aquela unha do dedão.

cristo esteja com você e a merda e a pipa rosa que um menino está empinando 2 quadras ao Norte.

Vou dar uma caminhada.

*Harold Norse, um poeta expatriado da Geração Beat, e Bukowski tiveram uma extensa correspondência nos anos 1960; Bukowski afirmava que Norse era um dos melhores poetas vivos e até sugeriu a vários editores que publicassem seu trabalho. Embora o relacionamento deles tenha amargado nos anos 1970, Norse publicou a poesia e a correspondência de Bukowski em sua pequena revista,* Bastard Angel, *em 1974.*

### [PARA HAROLD NORSE]
### 12 DE MAIO DE 1964

[...] Sim, você está certo: fracasso é a vantagem e me refiro ao fracasso de não estar pendurado em um poste de telefonia enquanto se está trabalhando com o broto ou o poema ou a estátua de cera de Himmler. É melhor ficar solto, trabalhar selvagem e fácil e fracassar da forma que você quiser. Quando você salta 5 metros eles querem 6 e acaba que você pode quebrar a perna tentando. A multidão sempre precisa ser ignorada como uma coisa insana, como um rio cheio de vômito. Depois que você coloca a multidão no cesto de lixo ao qual ela pertence, tem a chance de tirar um bom dez e talvez até um veredito dividido. Não estou falando da Cultura do Esnobismo que é praticada por muitos dos ricos e faquires e enroladores de corda e eletricistas e jornalistas esportivos porque eles têm a ideia de que têm PODER. Eles todos são dependentes da multidão como as folhas penduradas em um galho de árvore. Estou falando do tipo de dependência que te deixa livre para operar selvagem porque você não *precisa* de um beijo no rosto da velhinha ao lado, não precisa de elogiologia ou dar palestras para a Sociedade de Escritores Armênios de Pasadena. Quer dizer, foda-se isso. Mais papel, mais cerveja, mais sorte, intestino solto, uma foda ocasional e um clima bom, quem precisa de mais? Aluguel, com certeza. Agora nem sei mais do que estou falando. Esse é o perigo de falar. Você fala, fala, fala toda a baboseira e logo, logo não sabe mais o que está dizendo... eu não sei... é por isso que me sinto muito melhor quando estou principalmente calado.

# 1965

*Antín publicou um poema de Bukowski na* some/thing, *v. 2, nº 1 (1966), que trazia arte de Andy Warhol na capa.*

[PARA DAVID ANTIN]
16 DE JANEIRO DE 1965

meus agradecimentos pelo exemplar da *some/thing* [v.] uno [n.] 2 um tempo atrás, e eu tive problemas com isso, mas costumo ter problemas com tudo, então não é novidade, e por aí vai, e como a boca de Bing Crosby,* folheei a edição e encontrei o mesmo problema que a dor dos séculos — tudo muito bonitinho e esperto, muito inteligente e *chato*, complicado, grande & uso excessivo de itálicos — eu, no caso, talvez o único caso... fiquei muito feliz, bem, talvez não muito feliz, mas respirei melhor quando Faulkner morreu, não que fosse haver mais espaço, mas que ele deixaria todo mundo menos tonto. Nós já somos fodidos o suficiente e irritados e enganados o suficiente em nossas vidas cotidianas. demais, com certeza. e falo isso em CAIXA-ALTA também. Seus

---

* Locutor americano de rádio. [N.T.]

meninos excelentemente deixam a gráfica doida. pegam pelas bolas. Junto vai um manu que acabei de escrever enquanto estava no meu estado de sempre. por que me gabar? fico bêbado sempre que possível e usaria todo tipo de outras coisas, exceto que é difícil demais conseguir e também a pena é extrema por ser pego e já tenho penas o suficiente nas costas, como serpentes de sperimento agora uau e como, puxa vida. o que quis dizer no manu, inhé, por favor devolva se não servir, não guardo cópias em carbono já que cópias deixam meu piru mole e eu saio direto da máquina de escrever.

muito reclamo do uso de símbolos poéticos para se chegar no estado poético — vej...

assim

estrela verde $^3/_4$ $^3/_4$ //

erraiti

/ eu implorei pela porta de entr/

ada

Quer dizer, vamos parar de coçar por aí e
começar a falar sério.

*Franklyn publicou uma resenha dura de* Run with the Hunted [Correndo com a presa, em tradução livre], *de Bukowski, na* Grande Ronde Review *(1964).* Buffington *publicou a poesia de Bukowski em várias edições da* Blitz.

[PARA MEL BUFFINGTON]
FINAL DE ABRIL DE 1965

[...] Sim, eu tive notícias de [R. R.] Cuscaden a respeito da coisa com fred franklyn, e Cuscaden pareceu estuprado, indignado, dedado com um jogo sujo da crítica (Cuscaden publicou *Run with the Hunted*). De qualquer forma, pela carta dele, a coisa do Franklyn o pegou de jeito. Não comprei um exemplar para assistir a meu enterro e derrocada. deixe os cachorros cuidarem deles mesmos. Tenho coisas a fazer, como dormir e tirar catarro seco das minhas narinas e dizer, como agora — olhe essa coisa vestida com calças cinza e ela tem pernas de aranha e ainda assim uma bunda como uma banheira, ela passa por essa janela e meu piru mole remexe como as barrigas cheias de minhocas do paraíso cantam com os pássaros nessa quente noite de Los Angeles.

*Run with the Hunted* foi um tempo atrás, mas estou feliz por ter escrito a coisa. Eu me pergunto o que o menino Freddie faria com *It Catches My Heart in Its Hands*, ou como ontem eu recebi meu primeiro exemplar de *Crucifix in a Deathhand*, um dos 3.100 exemplares, novos poemas 1963-1965. Freddy vai ter um bom café da manhã.

Parece que certas pessoas acham que a poesia devia ser de uma certa forma. Para elas, não haverá nada além de anos difíceis. Mais e mais pessoas chegarão para quebrar seus conceitos. É difícil, eu sei, como alguém trepar com a sua esposa enquanto você está no trabalho, mas a vida, como dizem, continua.

*Um jovem estudante de direito na época, Richmond foi fiel apoiador do trabalho de Bukowski, publicando sua poesia e prosa em vários periódicos. Bukowski iria, em troca, escrever algumas introduções para os livros de poesia de Richmond.*

### [Para Steve Richmond]
### 23 de julho de 1965

[...] escute, meu bem, você acha Jeffers em quase qualquer biblioteca... tente *Such Counsels You Gave to Me* [Tais conselhos você

me deu, em tradução livre] e *Roan Stallion, Tamar and Other Poems*
[Roan Stallion, Tamar e outros poemas, em tradução livre],
esp. *Roan Stallion*. Jeffers é melhor nos poemas longos. Também
acho que Conrad Aiken, apesar de ser um tipo poético menos
confortável e quase um rabugento, conseguiu abrir caminho por
alguns pontos. Seu principal defeito era escrever bem demais; o
som de seda e algodão quase esconde o significado e, é claro, esse
é o jogo da maioria dos poetas de merda: parecer mais profundos
do que são, esconder deliciosos e delicados dardinhos e então se
aposentar em confortos seguros. Posso pegar qualquer edição da
*Poetry* Chicago lançada nos últimos dez anos e me sentir enganado e *é possível* que *tenhamos sido*. O problema com a gente é que
compramos a aparente superioridade deles e portanto eles SE
TORNAM superiores. mas eles acabam escrevendo pra *New Yorker*
e morrendo e nós acabamos trabalhando em minas de carvão e
morrendo, então importa alguma coisa?

> *Os Webb publicaram dois livros de Miller depois de terem publicado* It Catches
> My Heart in Its Hands *e* Crucifix in a Deathhand *de Bukowski.*

## [PARA HENRY MILLER]
### 16 DE AGOSTO DE 1965

bem, é meu 45° aniversário e com essa péssima desculpa tomei
a licença de escrever para você — embora eu bem imagine que
você receba cartas suficientes para te deixarem lelé. Até eu as
recebo, a maioria muito vívidas e até elétricas. É quando chegam
nos poemas que ficam chatas. e eles mandam os poemas. escutando Chopin — é, Kristo, eu sou careta em algumas coisas — e
entornando a cerveja. Conheci seu Doc Flink com suas piadas de
judeus e também aquele tipo de plausibilidade aberta e volume.

ele trouxe a cerveja junto com a esposa e eu escutei e lhe dei uma colagem ou coisa assim que eu tinha feito. ele te defende, mas, merda, isso não é novidade, muitos de nós fazemos isso.

De qualquer jeito, ele me deu um exemplar do — como se chama? — *Viagem ao fim da noite*, de Céline. Agora escute, a maior parte dos escritores me deixa enjoado. as palavras deles nem tocam o papel. milhares de milhões de escritores e suas palavras, suas palavras nem tocam o papel. mas Céline. me deixou envergonhado do escritor pobre que sou, tive vontade de jogar tudo fora. um maldito mestre sussurrando no meu ouvido. deus, eu era como um menininho de novo. escutando. Não há nada entre Céline e Dostoiévski, a menos que seja Henry Miller. de qualquer jeito, depois de me sentir mal depois de descobrir quão pequeno sou, fui em frente e li o livro e fui levado pela mão, de boa vontade. Céline era um filósofo que sabia que a filosofia era inútil; um garanhão que sabia que trepar era quase um golpe; Céline era um anjo e cuspia nos olhos dos anjos e seguia andando pela rua. Céline sabia tudo; quero dizer que ele sabia tudo que tinha para saber se você só tinha dois braços, dois pés, um pinto, alguns anos por viver ou menos, menos de cada um ou de todos eles. claro, ele tinha um pinto. você sabia disso. ele não escrevia como [Jean] Genet, que escreve muito muito bem, que escreve bem demais, que escreve tão bem que te faz dormir. ah, inferno, e enquanto isso estão atirando de telhados e na outra noite jogaram um Molotov no Hollywood Blvd.* com a Ivar, que é perto, mas não perto o suficiente para ser meu beijo. Eu

---

\* Nesse trecho, Bukowski faz referência aos Tumultos Watts, uma revolta racial ocorrida no bairro de Watts, zona sul de Los Angeles, depois que Marquette Frye, de 21 anos, foi agredido pela polícia. Os protestos duraram cinco dias e foram o ápice de tensões raciais que vinham se acumulando na cidade desde o início da década. [N.T.]

## SOBRE A ESCRITA

trabalho com pretos e a maior parte deles me ama, então talvez eu devesse colocar uma placa em volta do pescoço dizendo EI, EI! OS PRETOS ME AMAM!!, mas isso também não ia funcionar porque então algum babaca branco ia atirar em mim. Deus, tem uma mulher aqui dando comida pra criança e enquanto eu te escrevo eu me inclino e digo "aaaah, prove a banana, prove uma bananinha!!". Eu, o bebê difícil. bem, todos nós acabamos. elas estão aqui desde o começo dessa carta e eu estou com o rádio ligado fumando um charuto barato junto com a minha cerveja, então se isso ficar enrolado não é porque tem um macaco verde agarrando meu saco por baixo da mesa.

bêbado, um pouco, como sempre, sim. Chopin ressoa por sob os dedos de... quem? Pennario? Rubenstein? meu ouvido não é tão bom. Os ossos de Chopin estão mortos e estão atirando dos telhados e eu estou sentado em uma cozinha suja e barulhenta no inferno escrevendo para Henry Miller. outra cerveja, outra cerveja. sou da teoria de não parar; não vou parar de escrever nem se me pagarem por isso, não vou parar se mandarem um coro de putas me chutarem os olhos e um conjunto de seis meninos bateristas viados batucando o Havana twist meu deus. não comecei até ter 35 e se eu esperar mais 35 não vai sobrar muita coisa. então, estou fazendo quarenta e cinco essa noite e escrevendo para Henry Miller. tudo bem. acho que Doc Fink me acha um esnobe. só não acredito em bater em portas. sempre fui solitário. vou ser direto; só não gosto da maioria das pessoas — elas me cansam, me confundem, cruzam meus olhos, me roubam, mentem para mim, me fodem, me enganam, me ensinam, me insultam, me amam; mas mais que tudo elas falam falam FALAM até eu me sentir um gato tomando na bunda de um elefante. só não me faz nenhum bem, demais disso não é nada bom pra mim. nas fábricas e nos abatedouros elas ficam ocupadas demais pra falar e eu queria agradecer a bondade dos meus chefes ricos por isso. Mesmo quando meus chefes me despedem eu nunca escuto a voz deles e sou o filho da puta que mais se demitiu e foi demitido que você já viu; mas nunca escuto a voz deles; é gentil e delicado e bem-comportado e eu só saio do lugar e nem penso em atirar alguém do telhado. eu acho, bem, que vou dormir por uma semana e então dar uma olhada. ou vou pra casa sarrar uma bunda e beber a noite toda. esse tipo de coisa. eu me encaixo perfeitamente nesses planos. sou um merda. mas ainda um solitário. e agora publicaram alguns poemas meus e eles vêm bater à minha porta e eu ainda não quero ver ninguém. a diferença é que se você é um solitário e um zé-ninguém, você é doido; se é um solitário e um pouco conhecido, então você é esnobe. sempre vão achar a caixa certa pra te enfiar, não importa pra que lado você vá. Mesmo a mulher aqui, ela precisa me corrigir o tempo todo. não importa que merda eu diga. posso acordar de manhã e dizer "Deus, tá quente" e ela vai dizer "Você só *acha* que está quente. não está tão quente quanto ontem. imagine se você estivesse na África...", esse tipo de coisa.

onde é que eu estava? outra cerveja? claro.

agora a menininha quer trabalhar na máquina de escrever. ok, trabalhe, querida, trabalhe. eu a pego no colo. então lá vai ela pra baixo. "Pelo amor de Deus", digo a ela, "você não vê que estou escrevendo pro Henry Miller? Não vê que é meu 45º aniversário?".

enfim, espero que você receba os 3 Cru[cifi]x. Webb me deu 16, o que ele não deveria ter feito porque eu costumo distribuí-los pra quem estiver por perto quando estou bêbado, junto com as minhas pinturas, mas as pinturas são ruins, eu acho, fico tentando fazer o amarelo aparecer por baixo das outras cores, talvez como minha espinha dorsal. claro, eu sou amarelo; sou amarelo e durão e cansado e bêbado e a vida sopra como um peido e eu sigo em frente. fico pensando em [D. H.] Lawrence ordenhando suas vacas, fico pensando na Frieda dele, estou doido; fico pensando em rostos em fábricas, em cadeias, em hospitais. não sinto pena desses rostos; só não consigo distingui-los. como frutinhas ondulando com o vento, como bosta de passarinho na estátua da vida. meu deus. outra cerveja. bem, Franck a partir de agora. a gente aceita o que tem. embora S. em D. não seja ruim. quando eu era casado com essa milionária, eu estava deitado no sofá bêbado e escutando a Sinfonia em D. de F., e ela sentou lá e disse "Eu acho essa música *feia*!". Aí eu soube que o milhão já era. não podia suportá-la. e, para provar, naquela noite, enquanto eu trepava com ela na cama, todas as estantes caíram e os vasos de planta e bugigangas caíram nas minhas costas e na minha bunda. quer dizer, eu sou bom na coisa, mas não *tão* bom. ela achou feio quando eu ri também e eu guardei de volta e vi o milhão indo, indo... "Não gosto de homens que fazem piadas deles mesmos, não gosto de homens que riem de si mesmos. Gosto de homens que têm orgulho", ela me disse. bem, eu preciso rir porque sou ridículo; sou apenas temporário, cago e limpo a bunda, sou cheio de catarro e meleca e bichos e ideias grandiosas... mas, na verdade, sou um tolete de bosta, nada além de um tolete. então, primeiro veio o elegante com o clipe roxo na gravata e a voz culta. mas ela no final acabou com um esquimó, um pescador e professor japonês, Tami, acho que era o nome dele. Tami ficou com o milhão; eu fiquei com a vara. acho que eles não escutam Franck.

enfim, espero que você tenha recebido os livros. a mulher desceu pro mercado e eu peguei uma caixa de papel e a cortei e fiz o trabalho sujo. um amigo seu disse que pagaria pelos livros, disse "eu só vou pondo nas despesas do escritório". eu sugeri que 5 pratas por livro seria ok, e como eu só ganho dez centavos por exemplar a cada 3.000 livros vendidos, achei que era uma barganha. acho que ele pensou a mesma coisa porque já faz 2 semanas e não tive notícias. mas eu de fato disse pra ele "se você estiver quebrado, esqueça". e acho que no fim estamos todos *quebrados*. o túmulo está sempre lá e não podemos pagar pra sair dele, nunca. eu morei em uma lugar uma vez, em Atlanta, por um dólar e 25 centavos a semana. vivi por um mês com 8 dólares. e escrevi poesia nas bordas de jornais que encontrava no chão. sem luz, sem aquecimento. não sei o que aconteceu com os jornais. meio que lembro do que aconteceu comigo. normal, mesmo quando fica anormal. eu te enchi hoje à noite. você ainda está lendo? eu me pergunto. bem, 45 é uma idade triste. 30 foi o pior. eu sobrevivi àquilo. não finjo ter colhões. só me pergunto.

agora se prepare para o palavrão: claro, eu gostaria de te conhecer. gostaria de te ver sentado em uma poltrona na minha frente. não tem muita chance. não sou muito de conversa. não me sinto bem na maior parte do tempo. seria como b.g. conhecendo Deus. e então você cruzaria a sala e iria mijar e eu diria, olha, Deus mija também. não odeie a adulação, Henry, você tem um tanto dela vindo aí. você já passou por isso. eu só te chamo de "Henry" porque recebo essas cartas longas e enroladas de um estudante que insiste em me chamar de "sr. Bukowski" o tempo todo até eu sentir que fui enrolado e que, na verdade, tudo que ele quer é deslizar por cima do meu cadáver esmagado. de qualquer jeito, se você um dia decidir vir, uau, meu #* de telefone é #-1-6385 e o endereço está no envelope, mas agora eu estou te enchendo. esqueça.

Céline, Céline, meu deus, Céline. terem feito um homem assim?? outra cerveja.

enfim, como você é Céline, eu gostaria que você soubesse que não importa a escrita, que eu já passei por isso — os bancos de praça, as fábricas, as prisões; fui vigia em um puteiro em Fort

---

\* Símbolo para número. [*N.E.*]

Worth, trabalhei em uma fábrica de biscoitos de cachorro, dividi cela com o Inimigo Público #1 (que sorte!); enrolei e fui enrolado; estive em hospitais com a barriga aberta; me enfurnei com toda puta e cachorra maluca de uma costa à outra; todos os empregos terríveis, todas as mulheres terríveis, tudo, e só um pouco disso sai na minha poesia porque ainda não sou homem o suficiente e talvez nunca seja; saiu na finada *Grande Ronde Review* que eu era vulgar, que minha ortografia era ruim e todo tipo de golpe. não comprei o exemplar, não tenho colhões, mas ouvi de outra pessoa. eles passaram 5 páginas e meia me destruindo. talvez eu esteja chegando lá?? mas o que a maior parte deles não sabe é que minha ortografia é ruim mas eu escrevo montes de coisas bêbado e os malditos dedos saltam e na manhã seguinte estou enjoado demais pra ler, só pulo, mando, assim como vou fazer com essa carta. a manhã não é forte o suficiente pra aguentar a noite.

mas em vez de continuar, acho que vou parar; certamente e com certeza eu prov. disse o suficiente. depois do começo selvagem agora bato o mesmo ponto há 8 anos em um emprego horrível. mas outro dia vendi uma pintura por 20 dólares. inédito. alguém me mandou vinte de uma cidadezinha na Flórida e disse "mande uma das suas pinturas". então talvez eu ainda não tenha morrido. você nunca vai morrer.

[PARA HENRY MILLER]
FINAL DE AGOSTO DE 1965

não, não sou do tipo que visita, e espero que você não ache que quero me impor em relação a você. eu estava bêbado quando escrevi a carta, se é que pode ser uma desculpa. quanto a beber, se mói ou ferra com a minha criatividade, então que pena. eu preciso de mais para viver minuto a minuto do que para ser algum tipo de artista criativo; o que quero dizer é que preciso de algo pra seguir em frente ou fico para trás, sou covarde, não quero passar pelas portas.

Livros [*Crucifix*] pagos e bem na hora (pra mim). precisei trocar totalmente os freios do meu velho Plymouth. andava dirigindo sem freios. a mulher gritou com o preço. ela acha que sou um tonto. eu sou um tonto. ela vai mijar e deixa a porta aberta e eu olho para as pernas dela, grandes, mortas sem vida. então ela liga o rádio. o rádio está sempre ligado. ando por aí com tampões de ouvido na cabeça pensando se deveria sair pra comprar uma garrafa de vinho. como todo mundo — conta do gás vencida, do telefone vencida, penhascos caindo na minha cabeça... não, não, eu quase nunca trabalho com prosa, principalmente porque se a rejeitam

Ambos os desenhos, descartados do livro de desenhos e poemas não terminado *Atomic Scribblings from a Maniac Age* [Rabiscos atômicos de uma era maníaca, em tradução livre] (1966), foram enviados para Miller.

---

* Tradução do texto abaixo do desenho à esquerda: "A Era de Cristo". [N.E.]
** Tradução do texto abaixo do desenho à direita: "Sobre desistir por falta de dinheiro". [N.E.]

eu morro. toda aquela onda de energia. não tenho os colhões de escrever um romance por medo de colocar metade da minha vida nele e então ele ficar em uma gaveta sem pernas. uma vez eu disse em uma revista que escreveria um romance por um adiantamento de 500 dólares, em qualquer lugar, a qualquer momento. ninguém aceitou e não vão aceitar. se eu soo louco por dinheiro, não ache que sou. é uma questão de energia — vazando. posso brincar com poemas quase sem me machucar e ainda ficar de pé, se você entende o que quero dizer. a menina está me escalando agora — 11 meses de vida, quer datilografar. ela vai ter a chance dela, a bruxa.

vou tentar procurar [Jean] Giono ou dizer para a mulher fazer isso. mas ainda não consigo ver ninguém chegando perto de Céline. o homem tinha uma cabeça cheia de parafusos de ouro. merda, merda, meus braços e meu peito doem! vou descer até Del Mar amanhã de trem. essas mulheres me enlouquecem nesses 2 quartinhos e preciso me libertar por um momento: céu, estrada, bunda de um cavalo, árvores mortas, o mar, novas pernas para perambular — qualquer coisa, qualquer coisa... os desenhos que te mandei terríveis. um truque ruim. estou organizando um livro de desenhos para alguém e esses foram 2 que não mandei. esse editor quer muitos desenhos e uns poucos poemas — o que é bom: um pouco de nanquim e um monte de cerveja e estou dentro.

*Em 1965-1966, Bukowski apareceu em várias edições da* Intermission, *editada por Cole.*

## [PARA GENE COLE]
### DEZEMBRO DE 1965

Obrigado, é claro, pela *Intermission*. Li 2 exemplares até agora; bons artigos, mas sua poesia de enrolação podia receber uma injeção no braço. Ainda me deixa nervoso ler esses artigos sobre dramaturgia, "uma peça precisa ter uma premissa", e por aí vai. Tenho medo de que os problemas dos nossos dramaturgos sejam os mesmos de todo mundo — ou seja, eles são treinados, lhes DIZEM a forma certa de fazer alguma coisa. Isso pode fazer descer bem, pode ajudar os praticantes; pode ajudar dramaturgos ruins a se tornarem quase bons, mas "como fazer" nunca vai criar uma Arte, nunca vai sacudir a velha pele, nunca vai nos tirar daqui. Se eu fosse escrever uma peça, escreveria da maneira que me desse na telha e sairia ok. Isso não é pra dizer que não deveriam existir artigos sobre dramaturgia ou oficinas de dramaturgia. Eu não proibiria nada. Deixe as pessoas fazerem o que querem. E boa sorte para elas. E se elas conseguirem criar Arte e fazer um teatro que dure com esses métodos, ficarei feliz de ser chamado de mentiroso.

# 1966

*Bennett publicou a poesia de Bukowski em várias edições da* Vagabond *nos anos 1960 e 1970.*

[Para John Bennett]
Final de março de 1966

[...] às vezes quando fico bêbado algum editor dentro de mim se esgueira pelas veias até a corda oblonga e flácida do cérebro e então até eu tenho ideias de revistas, de piada:

(e a sério)!

1: *Uma Crítica Contemporânea de Literatura, Arte e Música*
ou:
*Uma Crítica de Literatura, Arte e Música Contemporâneas*
sem poesia, sem trabalhos modernos originais — só artigos, vívidos e corajosos a respeito da cena e, se possível, reproduções de obras de Arte. Claro, eu escreveria alguns dos artigos para garantir que a revista tivesse vida e clamor. Acho mesmo que uma revista assim é necessária, mas não tenho certeza se iria evoluir.

2: *Crítica do Papel Higiênico*

    que seria datilografada por mim em papel higiênico (nosso lema seria "Ligamos pra essa merda!"), usaria algumas cópias de carbono para datilografar e então colaria papel higiênico em papel normal e faria desenhos originais de capa para cada revista enviada.

3: (sem título) mas imprimiria cada revista à mão em nanquim com arte em pastel (todas diferentes), também um trabalho original na capa de cada revista. Aprendi como imprimir à mão muito rápido quando estava passando fome e não tinha máquina de escrever e mandava as coisas à tinta. Consigo imprimir à mão mais rápido do que consigo escrever à mão, ou conseguia antes. [...]

Previsto para a abortada *Atomic Scribblings from a Maniac Age*, esse desenho foi por fim publicado em uma revista literária em 1971.

---

*Tradução do texto abaixo do desenho: "Elevador". [N.E.]

# SOBRE A ESCRITA

algum macaco no Arkansas se escafedeu com cerca de 100 desenhos meus a nanquim que ele dizia que ia publicar num livro. divulgou o livro e coletou $$$. agora não responde minhas perguntas, meu pequeno público vai achar que sou uma porra de um golpista. não é tanto que eu me importe, são as longas noites bêbadas, acordado a noite toda até o sol nascer, rindo comigo mesmo, bebendo, bolas nuas na cozinha, me lambuzando todo de nanquim, nas paredes, me sentido quase vivo com isso, sabe, e então o escroto levar todas essas noites, todos esses desenhos — enterrá-los, rasgá-los. eu queria pregar um desses merdas na porta quando não atendem a campainha, mas eles devem saber muito bem que não posso correr o país atrás deles. mais fácil fazer mais uma centena de desenhos. então, aí está mais uma história triste pro seu arquivo. o tipo literário é o último em que se pode confiar, lembre-se disso. formigas, pigmeus, artistas da punheta, lambe-bolas, filhinhos da mamãe engolidores de catarro, todos esses — quase, quase. você precisa lembrar. vou fazer 46 em agosto e, mesmo só tendo começado no jogo aos 35, vi o suficiente em onze anos para guardar um beijo de napalm para cada um deles. quase.

*Lawrence Ferlinghetti, que fundou a* City Lights *em 1953 e publicou* Uivo*, de Allen Ginsberg, em 1956, publicou a* Antologia Artaud *em 1965, que Bukowski resenhou para o* Los Angeles Free Press *no início de 1966.*

[PARA LAWRENCE FERLINGHETTI]
19 DE JUNHO DE 1966

[...] bem, escute, eu não quis sair pela tangente. sobre o Artaud, achei muitos dos pensamentos dele extremamente parecidos com os meus próprios. na verdade, tive a sensação enquanto lia de que eu tinha escrito muitas das frases — bobagem, claro, mas ele é um dos poucos escritores que me faz sentir que consigo escrever um pouco que seja. não sinto isso com muita frequência.

não se preocupe com as resenhas francesas, aqueles babacas automaticamente acham que somos caretas — é uma insígnia que eles usam há alguns séculos, uma caça às bruxas e um truque do demônio. é o melhor livro, seu melhor, uma cacetada com pernas e olhos.

enquanto isso, coço meu saco velho e resseco no sol.

*Jean e Veryl Rosenbaum publicaram a poesia de Bukowski em várias edições da Outcast em 1966-1968.*

## [Para Jon e Lou Webb]
### 11 de julho de 1966

sim, Rosenbaum recebeu a edição da *Ole* com o poema sobre ele. ele me escreveu. tenho a carta aqui em algum lugar.

*Alô, Hank! Rei das latas de cerveja,*

*Eu estava pronto para ficar ofendido com seu poema-resposta na Ole para a minha luva literária e peça de escrita soberba na Outcast #1. Por isso, fiquei decepcionado ao saber que você só disse aí. Foi tão fraco que talvez não tenha sido nem um aí, mas um peido. Não foi sua abordagem superficial das situações que me entediou tanto, mas o fato de que você perdeu a força. na verdade, você está tão ciente quanto eu de que não escreve um poema eficaz desde It Catches — apesar da divulgação arranjada para os dois seguintes! sendo dois de seus verdadeiros admiradores, tanto Veryl quanto eu nos preocupamos com seu declínio artístico ao longo desses anos, apesar de sua popularidade divertida. Acho que você está acima dessa cena. Você sabia que seu seguro dos correios*

# SOBRE A ESCRITA

*cobre 50 por cento do custo de psicoterapia? Eu queria que você fizesse algo para se destravar, já que precisamos e queremos algumas coisas fortes suas para edições futuras da* Outcast.

*Jean*

em papel cor-de-rosa com um cabeçalho da Outcast. na última edição da Outcast eles publicaram meu poema com 3 ou talvez 2 palavras com erros de grafia, não erros meus, mas "e"s onde "o"s deviam estar e por aí vai. os outros poemas (de outras pessoas) não tinham erros. não preciso seguir ao infinito, mas essa é só mais uma vez em que bater de frente com Jean me deixa com uma sensação de nojo. e para um homem que não estava ofendido, só decepcionado com um poema, ele veio com as presas bem de fora nessa carta. não preciso ser psiquiatra para notar que ele está revidando. mas cansei de brigar com esse piru. aliás, há meia dúzia de seguros diferentes dos correios, quer dizer, seguros permitidos pelos correios para serem usados pelos empregados. todas as taxas variam, incluindo o custo da "psicoterapia". o bom doutor ama citar os correios — ele sabe que isso está me matando e parece agradá-lo. além disso, não entendo a frase "acho que você está acima dessa cena". Parece ter sido jogada na carta entre 2 frases que não têm nenhuma relação com ela. Sou *eu* o *único* doido? hum, hum, humm. [...]

pensar em um possível 3º livro de Bukowski pela Loujon em 67 ou início de 68 realmente evita que eu caia morto no meio da rua. só a chance longínqua de acontecer evita que eu arranque o papel de parede e vá pra cama com mulheres que não quero e ande por aí sob aquela porra de refletor que parece um sol com buracos na minha alma e nos meus bolsos. humm. enfim, é bom receber um sinal desses bem cedo. posso estar reunindo coisas, datilografando. recebi aceites de 2 dúzias de revistas literárias e, no correio de hoje, cartas de algumas revistas europeias que querem ver minhas coisas, e é boa a sensação dos meus dedos no papel, nas teclas. não estou escrevendo as mesmas coisas ou da mesma forma que fazia em *It Catches*. isso incomoda alguns deles, mas para mim é apenas normal. o que quer que eu escreva, bom ou ruim, deve ser eu, hoje, o que for, o que sou. os poemas do quarto bêbado e das putas eram bons naquela época. não posso continuar com eles. os americanos sempre querem uma IMAGEM para pegar, algo para rotular, engaiolar. não posso dar isso a eles. de qualquer maneira, ou eles pegam esse velho com buracos nas meias, às 4 da tarde, esfregando os olhos e sonhando com Andernach, ou não têm nada. o último poema do dia que eu escrever será o poema que eu preciso escrever, então. eu me permito essa liberdade. [...]

não, [John] Martin não costuma dar lições. tento pegar ele mais nele mesmo e suas coisas. o impressor dele é um verdadeiro careta. tente fazer Martin te contar do impressor algum dia. tinha um poema meu com a palavra "porra". ele preparou tudo, menos essa palavra. disse que não podia fazer isso. nunca tinha feito. sugeriu ao Martin comprarem um pequeno carimbo de borracha com a palavra e carimbarem depois. meu deus, o poema nunca foi publicado. ele não conseguiu fazer. ele chama meus poemas de "bem sádicos". deus todo-poderoso, que mundo de meia gente mesquinha.

[PARA HAROLD NORSE]
2 DE AGOSTO DE 1966

[...] Creeley, sim, difícil de derrubar, mas acredito que ele está ficando desesperado — finalmente escreveu um poema sobre como viu uma mulher mijar na pia, ela não mijou, ela tinha mijado e corou, mijando depois de ele ter trepado com ela — só que Creeley não trepa, ele faz amor. mas o poema não funcionava porque você sabia que ele estava tentando dar uma virada e se tornar um dos caras. é tão ruim quanto se eu tentasse ser Creeley, digamos:

> Balancei-a no balanço,
> no parque, minha filha, o céu lá
> minha filha no balanço, era no
> parque, e um dia, eu pensei, quando ela conheceu o céu:
> eu vou acertar
> de primeira.

*Forrest era um colega poeta cujo trabalho também era publicado pela Black Sparrow Press.*

## [Para Michael Forrest]
### Final de 1966

[...] Entalho em pedra não porque dure, mas porque ela está lá e não responde como uma esposa. Entalho em pedra porque os 2 ou 3 homens bons de um mundo futuro vão me ver e rir. Isso é suficiente — meus séculos não me concederam isso.

Acho que por causa (ou apesar) dos meus 46 anos no inferno mantive um esplêndido cuspinho de bosta de galinha e glória de barata para refletir + gargalhar embaixo (talvez) da unha do meu dedão esquerdo, o que me mantém no meio do caminho entre o suicídio e o esforço.

É um bom meio-termo. Claro, meios-termos não são necessários nem são pública ou artisticamente bombásticos (um sucesso) ou amáveis. A maior parte dos meus poemas é sobre mim simplesmente cruzando uma sala e estando feliz/triste (sem palavras adequadas aqui) porque a sala + eu estamos aqui nesse momento. Eu li, acho, quase todos os livros, mas ainda queria que alguém em algum lugar tivesse dito isso pra *mim*. N[ietzsche], S[c]hope[nhauer], o fingido popular Santayana. Qualquer um.

# 1967

*Kerr, junto com Charles Potts, publicou* Poems Written Before Jumping Out of an 8 Story Window [Poemas escritos antes de pular da janela do 8º andar, em tradução livre] *de Bukowski no selo Poetry X/ Change em 1968.*

[Para Darrell Kerr]
29 de abril de 1967

[...] quer dizer, para mim, um bom pedaço da ação está na Criação, a Boceta Kapital. ou você fode ela, escreve sobre ela, pinta sobre ela. 2 caras falando não fazem muito por mim.

escrever um poema é uma coisa peculiar.

agora eu não sou um esnobe que acha que minha merda não fede, mas entre beber até morrer e trabalhar em um emprego que me corrói, o tempo que resta, uma ou 2 horas, eu gosto de trabalhar com ele do meu jeito.

então não leio em leituras de poesia, não vou a protestos de Amor e Surto,* e por aí vai.

sempre fui basicamente um "solitário". *existem* pessoas assim, seja por natureza ou psicose, ou o que quer que seja que ficam em agonia em uma multidão e se sentem melhor sozinhas. VOCÊ PRECISA AMAR é a coisa agora, e acho que quando o amor se torna uma ordem, o ódio se torna um prazer, o que estou tentando explicar pra você é que tenho uns parafusos soltos e que uma visita sua não resolveria nada, especialmente com uma jarra de uísque barato quando meu estômago já era. tenho quase 47, bebendo há 30 anos e não sobrou muito, entrando e saindo de hospitais. não estou querendo causar pena, é só que *algumas* das coisas que certos jovens veem agora, entendem agora (e muito eles não entendem), eu já tinha pegado em 1930 quando a Guerra era Boa, a Esquerda era Bonita, e por aí vai. Quando Hemingway era bonitão e em algum momento os caras estavam correndo para se alistar na Brigada Abraham Lincoln. os jovens estão sempre animados; eu não estava. a moldura da foto segue mudando e se você correr para qualquer pôr do sol aparentemente bonito vai ficar preso em várias armadilhas e becos sem saída. um homem precisa muito bem formar suas próprias concepções se puder; tagarelar como um macaco no parque ou no escuro não serve. na verdade, não serve muito. não vou conseguir com uma máquina de escrever e você não vai conseguir com uma livraria. se o mundo mudar um pouco que seja vai ser porque os pobres estão trepando demais e tem pobres pra caralho e os poucos meninos ricos poderosos vão ficar com medo porque se você tiver pobres o suficiente e eles forem pobres o suficiente nem todos os jornais de propaganda

---

* Uma piada com *sit ins* e *walk outs*, dois tipos de protesto pelos direitos civis que eram muito comuns na época. [N.T.]

do mundo vão conseguir dizer a eles quanta sorte eles têm e que a pobreza é sagrada e passar fome é bom pra alma. se essas pessoas tiverem voto, as coisas vão mudar, e se elas não tiverem voto as revoltas vão ficar maiores, mais raivosas, mais quentes, mais infernais. não tenho política, mas isso é fácil o suficiente de ver. mas os meninos poderosos são espertos também, eles vão tentar dar a eles só uma migalha, *almas* o suficiente para segurá-los. então a bomba poderia resolver várias coisas também. tudo que os escolhidos precisam fazer é esperar até existir um esconderijo no espaço e soltar a coisa. nos lugares certos. eles voltam depois que os garis limparem os ossos. enquanto isso eu me sento à minha máquina de escrever e espero [...]

é perigoso me afastar muito da forma do poema. a forma--poema (merda, olhando pela janela agora acabei de ver uma coisa saindo de um táxi ai ai ai ai de saia curta amarela, pernas de nylon, jesus, ela cambaleou sob o sol e o velho tarado se apertou contra a janela e derramou suas lágrimas de sangue) se mantém pura para os dentes, sedosa ao toque, nylon para a guitarra quebrada da minha alma, ooh, yah. mas de vez em quando eu escapo da forma--poema e me dou um tiro na boca. sou só humano, "demasiado humano", como um filósofo velho e empoeirado disse certa vez. empoeirado, largado. até os vermes fodem. [...]

achei que tivesse ganhado o Prêmio Pulitzer. Webb me disse ano passado que as pessoas do Pulitzer tinham entrado em contato com ele, que *Crucifix* tinha sido indicado para o Pulitzer. bem, ou Webb estava bêbado ou outra pessoa levou. provavelmente deram para algum professor universitário gordo que escreveu rondas rimadas para tentar provar que tem psique. escute, eu preciso parar isso em algum lugar. você pensaria que estou bêbado; não bebo nem uma cerveja faz 2 dias. certo. escurecendo. Los Angeles é uma Cruz, todos nós estamos pendurados aqui,

Cristinhos estúpidos, 6 da tarde. música chinesa no rádio. sóbrio, sóbrio, sóbrio.

*Poeta, editor e crítico frequentemente associado com a escola Language,[*] Ronald Silliman discordava fortemente da opinião de Bukowski a respeito da poética.*

[PARA RONALD SILLIMAN]
MARÇO DE 1967

[...] Eu li os críticos — Winters, Eliot, Tate e por aí vai, a Nova Crítica, a Nova Nova Crítica, as exigências de Shapiro, toda a galera da *Kenyon*, a galera da *Sewanee*, gastei metade de uma vida lendo os críticos e, embora eu tenha achado o conteúdo pretensioso, achei o estilo de alguma forma agradável, e agora é gentil da sua parte me dizer que os melhores deles estão tentando colocar "dignidade humana, respeito próprio, o tipo de orgulho que você encontra em um garanhão livre e selvagem" de volta em verso. Isso parece tão falso quanto um cu de borracha em um cavalo para mim, mas se é essa sua percepção e/ou sua abordagem, é sua e tudo bem.

"SE TUDO O MAIS É FEIO, É MORTAL, ENTÃO NÃO É NOSSO DEVER SERMOS BELOS?", você grita para mim em caixa-alta. Ronald, "dever" é uma palavra indecente, e "belo" é uma palavra desanimadora. se você quer quebrar as perninhas de alguém... basta exigir que seja "belo".

---

[*] A escola Language foi um grupo de poetas de vanguarda associados à revista de mesmo nome, ativos durante o final dos anos 1960 e início dos anos 1970 nos Estados Unidos. O grupo enfatizava o papel do leitor na interpretação da poesia e enxergava poemas como construções de linguagem em si, e não da subjetividade do escritor. [N.T.]

## SOBRE A ESCRITA

[PARA JOHN BENNETT]
SETEMBRO DE 1967

o mundinho das revistas não é um animal muito saudável ao meu ver. existem 3 ou 4 boas e, depois disso, nada. outro dia uma revista, *Grist*, mudou uma palavra do meu poema, de "xadrez" [*chess*] para "caçada" [*chase*], e assim o resto do palavreado me fez parecer um molenga. eles podem ficar com o clube deles, o jeito deles, mas por que me forçar a participar? como não estava me sentindo bem de qualquer forma eu escrevi a eles sobre isso. então tem dezenas de outras revistas que aceitaram meus poemas e nunca publicaram uma edição e NUNCA devolveram o trabalho. eu não guardo cópias. nem acredito que meu trabalho seja tão precioso, mas é uma coisa nojenta, a forma como esses menininhos idealistas das revistas se mostram escrotos, viados, faquires, fodidos, sádicos, e por aí vai. o problema é que a maioria dos meninos é muito nova. uma revistinha parece uma coisa dramática para eles, Arte, quebrar velhas barreiras, um salve para a coragem, por aí vai. mas, para começar, a maior parte deles são maus editores, sem dinheiro, esperam que venha algum dinheiro de alguma forma daquilo; não gostam do trabalho, a maior parte deles, e são escritores ruins, a maior parte deles; e então só se cansam e dizem foda-se. perdi um livro de poemas e desenhos para esses merdas, junto com 300 poemas. às vezes eu acho que preferiria lidar com a comp. telefônica, a comp. de gás, a polícia.

*Robert Head publicou a poesia de Bukowski na pequena revista* Copkiller *em 1968, além de sua prosa em mais de 80 edições do jornal independente* Nola Express *entre 1969-1974.*

## [PARA ROBERT HEAD]
### 18 DE OUTUBRO DE 1967

[...] sobre poemas antiguerra, eu era antiguerra muito tempo atrás, em uma época em que não era popular ou na moda ser assim. foi uma situação bem solitária, a Segunda Guerra Mundial. parece que do ponto de vista intelectual e artístico existem guerras boas e guerras ruins. para mim, só existem guerras ruins. ainda sou antiguerra e anti várias outras coisas, mas ainda me lembro da outra situação e de como poetas e intelectuais mudam como as estações, e de que a confiança e a posição que eu possa ter estão apenas comigo, o que restou de mim, e quando vejo as longas filas de manifestantes agora, sei que a coragem deles é só um tipo de coragem semipopular, fazer a coisa certa em companhia adequada, é tão fácil agora. onde raios eles estavam quando *eu* fui jogado em uma cela, Segunda Guerra? era bem silencioso naquela época. não confio na besta humana, Head, e não gosto de multidões. bebo minha cerveja, soco a máquina de escrever e espero.

## [PARA HAROLD NORSE]
### 21 DE OUTUBRO DE 1967

[...] P.S.: — carta fodida, enfim, sobre Ginsberg,[*] é óbvio que ele aceitou o manto do povo (há muito tempo) e isso é ruim porque quando a multidão te dá o manto e você o aceita, eles começam a cagar em cima de você. mas Allen não sabe disso. ele acha que tem

---

[*] Allen Ginsberg, poeta icônico do movimento Beat, teve seu poema "Uivo" julgado por obscenidade no final dos anos 1950. Nessa fase, contudo, Ginsberg havia se vinculado mais ao movimento hippie e a manifestantes antiguerra do Vietnã, e sua poesia passou a explorar mais suas identidades como homossexual e judeu. [N.T.]

verve suficiente para se arrastar acima disso. não tem. a barba dele se destaca e tende a salvá-lo, mas você não pode escrever poesia com uma barba. eu mal consigo ler as coisas dele agora. essa coisa autoproclamada de DEUS e LÍDER é só chata e ambiciosa. aí ele tem que se grudar em Leary e Bob Dylan, assuntos das manchetes. tudo más decisões. tudo isso é óbvio, mas ninguém diz nada a respeito, principalmente porque eles têm um pouco de medo de Allen como tinham um pouco de medo (mais medo) de Creeley. é uma cena gasta, um pouco como um filme de horror — você quer muito rir, mas o ar fede. acho que toda essa coisa deturpada e bestial tem algo a ver com os E.U. da América, mas não tenho certeza. Cristo, os europeus conseguem foder tudo desse jeito? imagino que sim, mas não com tanta consistência e precisão.

[PARA HAROLD NORSE]
3 DE NOVEMBRO DE 1967

[...] por tudo, a *Evergreen [Review]* e a Penguin, e é bom, podemos aguentar uma onda de luz só para manter os trambiqueiros e babacas de serem *total* donos do baile, ainda precisamos nos lembrar de onde viemos e o que é. o chefe deve permanecer onde está. um campeão é tão bom quanto sua *próxima* luta; a *última* não vai ganhar o primeiro round pra ele. escrever é uma forma de continuar vivo, um alimento, um mingau, uma bebida, uma transa quente. essa máquina limpa e mói e estabiliza e reza. ninguém nunca vai me convidar para me candidatar à presidência com uma campanha de Uma maconha pra cada vaso. já tive empregos ruins o suficiente. e se querem divindade podem ir à igreja da esquina. tudo de que eu preciso são fitas de máquina de escrever, papel, algo para comer e um lugar onde ficar — de preferência com uma janela que dê pra rua e uma privada que não seja no fim do corredor e uma proprietária com boas pernas que roce as coxas e a bunda em você de vez em quando. em mim, de vez em quando.

[Para Harold Norse]
1º de dezembro de 1967

Recebi a *Evergreen* 50 hoje com meu pequeno poema nela, bem no final, a coisa está recheada de famosos, então aqui vão eles: Tennessee Williams, John Rechy, LeRoi Jones, Karl Shapiro, William Eastlake... mas a escrita é toda ruim, exceto a minha, e uma peça muito boa de Heathcote Williams, *The Local Stigmatic* [O estigmata local, em tradução livre], que foi apresentada pela primeira vez no Traverse Theatre de Edimburgo... o que quer que isso seja. enfim, é bem escrita. Mas a peça de Rechy era muito ruim e o Williams e o Shapiro quase tão ruim quanto. mas tudo isso eu aprendi há muito tempo — os agora famosos escreveram alguma coisa boa uma vez e agora não escrevem bem mais, mas ficam por aí pendurados em seus nomes, seus rótulos, e o público e as revistas comem a merda deles. os deuses me abençoaram ao não me fazerem famoso: eu ainda atiro a palavra pelo canhão — o que é melhor que gotejar de um pinto mole. apesar de tudo isso, porém, entrar na *Evergreen* me fez bem porque me ensinou que tudo é nada e que nada é tudo e que você ainda precisa amarrar seus sapatos se tem sapatos e fazer sua própria mágica se tem mágica a ser feita. estou mais preocupado com o longo poema da tourada que fiz para eles e espero que saia direito na minha mente quando sair. A coisa da *Evergreen* é que você pode acabar acordando alguém que nunca teria alcançado antes, mas isso é uma tangente, a coisa é, claro, colocar o sal e a pimenta na carne, engolir, não importa o que apareça. essas são as verdades básicas, às vezes, eu acho, e na maior parte do tempo nós esquecemos delas.

ou ficamos anestesiados delas ou as vendemos. eu provavelmente estou escrevendo toda essa merda a respeito da *Evergreen* porque tenho a consciência pesada e temo estar fraquejando como bom escritor para entrar nas páginas chiques deles. por outro lado, existe uma alegria tipo criança no Natal abrindo a grande meia atrás das gostosuras. é bom. afinal, depois que o poema termina, você não é nada além de um merdinha de um vendedor, e quem não iria preferir sair na *Evergreen* em vez de na *Epos, na Quarterly of Verse*? talvez os homens realmente bons ainda não tenham chegado. talvez ainda estejamos na fase de casulo, ou pior, seremos arrancados de nossas porras de casulos antes da hora. ah. humm. eu certamente tenho toda a fraqueza de uma gangue de marinheiros sem educação que acabaram de desembarcar depois de 90 dias no mar sem dormir e não conseguem manter os olhos abertos. bem, eu não finjo ser uma criatura tipo Cristo, e, de qualquer jeito, não valeria um cocô de gato ser tipo um Cristo, não acha? eu acho que não.

# 1968

[PARA JACK MICHELINE]
2 DE JANEIRO DE 1968

[...] Sim, você está certo — o poema-mundo é meio sedoso e dominado por suaves falsidades, a *Poetry* (Chicago), que, muito tempo atrás, era uma boa revista agora é ponto de encontro e máquina de mentiras para os poetas falsos e ácidos, os trambiqueiros, mas eles nos observam — eles vêm aqui e tocam a campainha, querem olhar para a criatura e ver como é feito. Mas eles não veem nada — um peido de olhos vermelhos jogado no sofá de ressaca que fala como o jornaleiro da esquina. [...]

Fama + imortalidade são jogos para outras pessoas. Se não somos reconhecidos quando andamos pela rua, sorte a nossa. Desde que a máquina funcione da próxima vez que nos sentarmos na frente dela.

Minha menininha gosta de mim e isso já é muita coisa.

## [Para Charles Potts]
### 26 de janeiro de 1968

[...] Eu gosto de AÇÃO. Quer dizer, você sabe como algumas revistas são lentas, há algo muito mortífero nisso — bocejo, bocejo, ah, mãe, pra que fazer isso? você sabe. Acho que várias delas estão esperando doações ou milagres. nada disso vem; elas podem muito bem erguer o queixo e seguir em frente. esse é um motivo para eu estar escrevendo uma coluna por semana para o *Open City* — até agora. AÇÃO, ela salta da máquina de escrever para a página. Eu entrego para [John] Bryan, ZAP, ela EXPLODE, uma coisa não precisa ser jornalismo porque é instantânea, arte ruim e arte boa são criadas ao mesmo tempo. quer dizer, o elemento do tempo não tem nada a ver com isso. não estou explicando direito, vou tentar mandar no correio das 5 da tarde.

*Em 1967, Bukowski se inscreveu para uma bolsa do Fundo Nacional das Artes, sem sucesso.*

## [Para Harold Norse]
### 20 de abril de 1968

[...] escrevi para Carolyn Kizer pedindo outro formulário de inscrição para exaustivamente tentar de novo uma bolsa. ouvi falar de algumas pessoas que conseguiram bolsas e sabiam que não eram muita coisa — digo, em termos de talento. além disso, algumas pessoas que nem se inscreveram receberam ofertas de bolsa, e algumas dessas recusaram. acho que elas não estão tão perto de passar fome e ficar loucas quanto eu. perto desse fim. bem, nada da querida Carolyn, mas acho que leva tempo. só que tive resposta tão rápido da outra vez. e uma carta gentil e longa, o que aconteceu? a pessoa se pergunta a respeito das coisas que acontecem por baixo da terra e por cima da terra de que não sabemos nada. acho que tem um X desenhado nas minhas costas. estou pronto pro açougueiro. o FBI passou aqui outro dia, perguntando ao meu proprietário e aos vizinhos sobre mim. o proprietário me contou. como eu bebo com o proprietário e a mulher dele, fico sabendo. [Douglas] Blazek me disse um ou dois anos atrás que o FBI foi até ele e perguntou de mim. sabe, o Fundo Nacional é patrocinado pelo gov.? *isso* pode ser o silêncio de Carolyn e talvez eu tenha fodido você também. acho que te contei que um figurão me entrevistou em um quarto grande e escuro com uma lâmpada na ponta de uma mesa enorme. bem Kafka-nazi. me disseram que não gostaram da minha coluna "Notas de um velho safado". perguntei "devemos imaginar que os oficiais do correio são os novos críticos de literatura?". "Hum, não, não foi isso que a gente quis dizer." claro que não. aí me disseram "se você tivesse ficado com a poesia e os livros de poesia teria ficado tudo bem". "mas isso...", e então ele tocou o jornal e minha coluna e deixou o resto por dizer. É a escrita em si que os irrita, simplesmente, mas eu quase nem sou obsceno. eles não sabem como me prender. e continuamos apertando mãos. mas eles estão esperando meu único deslize, e então vão chegar e quebrar meu pescoço. enquanto isso, esperam que eu fique paranoico com a coisa toda e comece a correr de sombras e jogar meu estoque de sorte na privada. o que bem pode ser que eu faça. enquanto isso, conto às poucas pessoas que conheço para que possam sair de cima de mim se quiserem. e é incrível. contei a algumas e já não tenho mais notícias delas. quase todo mundo, descobri, é algum tipo de merda, lá no fundo. eu sou a ruiva contagiosa que largam na esquina.

## [Para d. a. levy]
### 16 de julho de 1968

[...] rec. *The Buddhist [Third Class Junkmail] Oracle* hoje. mui obrigado, mesmo. o jornal tem um sabor curioso, particular. tenho certeza de que você descobriu o que eu descobri — que o jogo da poesia está bom do jeito que fazemos, mas muitos obstáculos, mais da metade dos poemas aceitos nunca são publicados e são simplesmente esquecidos por gentinha entediada em Peoria Heights... enquanto isso, esses jornais têm AÇÃO INSTANTÂNEA que você consegue VER, SENTIR... MERGULHAR DE NOVO E DE NOVO... quem raios quer apodrecer esperando??? nós trabalhamos com todas as mãos... tudo conta.

# 1969

*Dombrowski publicou* Charles Bukowski: A Critical and Bibliographical Study [Charles Bukowski: Um estudo crítico e bibliográfico, em tradução livre], *de Hugh Fox, em 1959. Foi o primeiro estudo crítico longo a respeito da obra de Bukowski.*

[Para Gerard Dombrowski]
3 de janeiro de 1969

[...] Sobre o livro do Fox a meu respeito — tudo bem, eu bebi algumas noites com o homem e, se você quiser uma fofoca quente —, ele não faz meu tipo. Ele é Universidade e está preso entre as bolas amassadas do que ensina. Talvez meu ressentimento seja que, nas noites em que bebemos, só ele falou e boa parte era uma extensão chata, podre, gordurenta e meio blasé de ressentimentos guardados e ofensas de alguém de fala extravagante em Inglês II da Ivy League... Ele trepou muito, não trepou... eu me perguntava o que alguns dos caras vivendo em quartos pelos quais pagavam 5 pratas a semana ou em bancos de praça no Mission* teriam pensado...

---

\* Bairro de São Francisco. [N.T.]

Sabe, o principal problema, até aqui, é que existe uma boa diferença entre literatura e vida, e que aqueles que têm escrito literatura não têm escrito vida, e os que vivem a vida foram excluídos da literatura. Tem exceções ao longo dos séculos, é claro — Dos[toiévski], Céline, o jovem Hem[ingway], o jovem Camus, os contos de Turguêniev, e teve o Knut Hamsun — *Fome*, tudo —, Kafka, e o inquieto Górki pré-revolucionário... alguns outros... mas no geral foi um saco terrível de merda, mas desde 1955 há um retorno ao saco de merda. Claro, houve um monte de cocô atirado fantasmagoricamente na gente e engolido (publicamente) desde então, mas agora estamos em um estado de forja e não há muitas exceções porque todos os bons escritores escrevem muitíssimo bem, mas, por deus, são muito parecidos, e então agora estamos em outro fluxo????... sem GIGANTES.

Bem, talvez não precisemos de GIGANTES. De alguma forma, os gigantes parecem ter nos deixado bem na mão. o quê? Mas também, fico cansado pra caramba do escritor competente ou até *humano*. A resposta está em algum lugar desse céu de salame, e falo do espírito, não daqueles idiotas se atrapalhando com a lua. A primeira atrocidade na lua, a primeira guerra, não vai demorar a vir. Talvez a primeira atrocidade tenha sido o pé humano no intocado.

Bem, você me perguntou sobre o livro do Fox a meu respeito. Quer que eu seja franco? É chato, direto, acadêmico e sem coragem. São sapos de livros didáticos saltando seus chatos saltinhos por entre nenúfares. Chato; eu já disse duas vezes; vou dizer três: chato, chato, chato. O POEMA-MENSAGEM ou FORÇA ficou totalmente de lado na coisa mamãe-me-ensinou de isso pertence a esse lugar e aquilo pertence àquele lugar — isso é essa escola e isso é aquela escola. Foda-se isso. Eu tive que me bater com os valentões no caminho de casa do primário até a faculdade, e eles me seguiam, me provocando, me desafiando, mas sempre era mais de um, e eu era um, e eles sabiam que eu tinha alguma coisa em mim em algum lugar. Eles detestavam isso; ainda detestam.

*Bergé mandou sua poesia à* Laugh Literary and Man the Humping Guns, *coeditada por Bukowski e Neelie Cherkovski entre 1969-1971.*

[PARA CAROL BERGÉ]
25 DE FEVEREIRO DE 1969

Ah, merda, Carol, esses não são muito bons. Estou aqui bêbado + está chovendo há dias, e esses não são muito bons.

"Edges" [Bordas, em tradução livre] o mais perto — alguns versos ruins:

"Macio aperto de mãos"

"Fracas denúncias"

"Faca vingativa"

Que porra é essa, Carol? Que porra você está me dando?

E sem envelope pra devolução?

"Edges" ainda é o melhor deles.

Mas seu último verso é terrível. Romantismo literário francês do século 19. Que porra. Você sabe disso.

Vou publicar uma boa revista. E fazer isso às vezes quer dizer ser cruel, e ser cruel às vezes quer dizer estar certo.

*Thomas fez amizade com Bukowski depois de aceitar dois poemas dele para a* Notes from Underground 2, *da qual foi editor convidado em 1966.*

## SOBRE A ESCRITA

[PARA HAROLD NORSE]
26 DE FEVEREIRO DE 1969

[...] Venerável Venerável John Thomas, o bem-criado e culto, culto demais, me diz muito solenemente depois, "você fica chato quando está bêbado, Bukowski". ele sempre *precisa* me chamar de Bukowski, como se estivéssemos diante de um público e fosse nec. sermos identificados. J. T. tem a cabeça cheia de palavras e ideias, muito bem-organizadas, mas plácidas, uma arte plácida, forte e organizada, mas plácida, uma metralhadora de merda montada em um tripé brilhante e lançando suas preciosas balas. quanto a Pound, Olson, Creeley, a mesma areia seca, ainda assim ouvi o homem porque ele pode ser engraçado de um jeito maldoso. alto, quando digo a ele que a Vida é verdadeiramente horrível, as pessoas, a estrutura, o fato de terminar em morte, a zona toda, ele diz "você não assinou nenhum *contrato*, Bukowski, que diz que a Vida tem que ser bonita". e então ele se inclina para trás e lambe os lábios de leve, ele ganha a vida com a língua e os lábios e o pinto, uma mulher linda o sustenta enquanto ele fica por aí com a grande barba e a grande bunda e a calça jeans. é de se admirar isso e, em um sentido menor, desprezar. eu já disse a ele que te considero o maior poeta vivo, e então ele só desdenha (acho que o que ele quer de verdade é que eu diga que é ele) e se levanta e lê para mim umas coisas terríveis de Creeley ou Olson e eu só fico sentado lá ouvindo e não falo nada, mas a escrita em si é tão plana, matemática, automática e sufocada que o velho Barba Negra no fim só suspira, vai se sentar na cadeira e me encara. é bom conhecer um Thomas e deixá-lo atirar com todas as armas em você. eu penso devagar e escuto as coisas dele e no fim digo "só um momento". e então *eu* digo algo. para acrescentar, não para me defender, mas só por cansaço. e ele diz: "ah,

Ojenius Omergus disse isso em 200 a.C. para seus discípulos no acampamento da grande Athenia antes da Guerra Ciclópica". mas pelo menos Thomas tem alguma coisa. os professores de inglês só passam aqui para lamber minhas bolas e eles são todos iguais, altos, moles, merdas magricelos tentando escrever COISAS ÁRDUAS SOBRE A VIDA. deus. 3 meses do ano para escrever romances terríveis, para me tirar da cama e me mostrar a poesia deles — coisa de caras durões — e dividir um engradado e me encarar e se perguntar por que sou tão gordo e cansado e magro e gasto e doente e raivoso e chato e desinteressado. ou, tem os outros tipos, os tipos ricos esnobes com uma casa na costa da Calif. e uma na Louisiana que dizem "casas deixam você pobre, drenam os recursos", e então escrevem romances modernos tirados das suas cartas e não devolvem suas cartas quando você pede porque elas vão ajudar a te manter vivo. você só paga o aluguel. você tem muita sorte. enquanto vier o aluguel, o que esses babacas FALAM para os alunos na AULA DE INGLÊS I ou II? deve ser de dar nojo... esses meninos doutores que nunca ficaram sem uma refeição ou caíram de bêbados ou ligaram o gás sem acender por 3 horas... o que eles falam pra esses meninos???? o que PODEM dizer a eles? nada. portanto, todo mundo parece ser DESCOLADO DESKOLADO E INTELIGENTE e essa é a fachada e o cheiro de peixe dos séculos desperdiçados. [...]

nunca me canso de te dizer quão bem você escreve e você precisa se acostumar com isso. detesto toda toda quase toda escrita. *sí*, agora é muito bom dizer para alguém quão bem a pessoa faz isso. o russo faziam isso. Turguêniev mais que Tchekhov. embora os dois fossem cagados demais pelo estilismo. Hem. tinha um estilo que cabia, mas só conseguiu injetar sangue nele na primeira metade da sua obra. você é o único realista polido e forjado do puro estilo Norse. eu sei por que W. C. Williams te mordeu. você tirou a mordaça que estava *nele*. ele tinha 3 ou 4 bonzinhos. você é simplesmente consistentemente esplêndido e imortal. sempre que te leio minha própria escrita melhora — você me ensina como correr por glaciares e largar putas velhas. não estou me expressando bem, mas você sabe o que quero dizer. maldito seja você, Norse. acabei de queimar uma assadeira cheia de batatas fritas enquanto ESCREVIA sobre você! e não comi o dia todo, Noel, aiii, agora faz DOIS dias, e algum bêbado está batucando em uma lixeira virada lá fora, e logo todos nós vamos acabar na cadeia, logo todos nós vamos acabar... pequenas beterrabas em conserva em uma lata... ah, deus, que merda, ah, deus, que armadilha... mas eu não assinei um CONTRATO, não é? E o que é um "contrato"...

: a linguagem deles

*Picasso não publicou os poemas de Bukowski em sua revista literária.*

[PARA PALOMA PICASSO]
FINAL DE 1969

obrigado pela carta pessoal. Eu ia mandar coisas de qualquer jeito, mas não queria só derramar mijo em cima de você. [Sinclair] Beiles tinha me contado do seu projeto e eu considero os 3 poemas dele que eu imprimi em meu próprio trapo *Laugh Literary*, os melhores em termos de escrita, forma, humor, vida e fluxo que já vi em alguns anos. então você sabe de Sinclair, mas tenho meus próprios problemas. sou um dos poucos que acha que Burroughs não é um tipo de deus ambulante. acho que os cortes e arranjos de fita dele são só brincadeira de gueto de um homem seguro. a emp. de calculadora calculou $$$ pra ele. é tão fácil, mas não me deixe agir como um idiota. estou longe disso. é só que eu falo o que falo e sempre falei. deixo que os vermes do meu cérebro fiquem livres. decidi há muito tempo em becos de Nova Orleans enquanto vivia de barras de chocolate de um centavo sempre deixar minha mente correr livre. isso não significa ser "biruta". ou talvez sim. enfim, enquanto estou esmurrando aqui às duas da manhã sentado entre dois abajures quebrados sobre uma mesa de máquina de escrever dada a mim por meus falecidos pais como presente de aniversário e datilografando em uma máquina dada a mim por birutar enquanto escuto música ruim de piano em um rádio de 19 dólares comprado na farmácia, eu falo, tendo faltado no trabalho hoje de novo, para vir aqui e tentar pegar os 3 ou 4 versos ruins nos poemas anexos e tendo a essa altura bebido onze (garrafas de cerveja) haha — onde é que eu estava?

ah.

então eu escrevi esses novos poemas nas últimas duas semanas, e pode ser que um homem simplesmente não consiga escrever muitos poemas bons em 2 semanas. não acredito nisso. acredito que o quer que seja necessário é necessário, fica por sua conta. infelizmente ou felizmente sinto meu poder mais e mais a cada dia que passa, a cada ano que passa, é claro, há pequenas calmarias nas quais eu honestamente penso em me assassinar e chego muito per-to, especialmente se estou de ressaca. contudo, isso provavelmente é comum para a maioria de nós. — ah, era BRAHMS! — droga, eu não sabia que ele escrevia umas coisas tão ruins pro piano... ah, outras coisas que você sabe — mergulhado em Ezra P., só não consigo ler os *Cantos*; eles me dão dor de cabeça, não descem bem. qual o problema comigo? podia ser simplesmente um ego doido de merda? ainda assim, parece haver um equilíbrio. por exemplo, trabalhando, na gaiola, sou um cara grande — 100 quilos fácil, não discuta, com quase 50 anos, eu sei que me gastei — eles não sabem que escrevo no tempo livre — aquela gangue me dá um bom trabalho — eu só rio — eles não entendem — um cara até me acusou de ser um boqueteiro — eu só ri — preciso rir da raiva deles — é lindo, cruel e necessário — uma obra de Arte — eu gosto deles e ainda assim eles me enojam — principalmente por causa da mesma maldita tendência — eles não conseguem sair da tendência de ódio que gasta... gasta.

bem, descobri que cartas explicando uma submissão quase sempre significam uma submissão ruim. bem. de qualquer forma, essa rua está bêbada. eu vivo na última rua barra-pesada de Hollywood. aqui ficam bêbados dia e noite. lésbicas tentando ser mulheres. mulheres tentando ser lésbicas. essa coisa toda. tenho uma menina de 28 anos batendo à minha porta e me escrevendo uma carta de 7 páginas todo dia. ela dançava com uma naja de dois metros. ou era uma jiboia? eu realmente não sou tão doido quanto pareço, gosto de silêncio, bebedeira, corridas de cavalo e observar pernas de mulheres embrulhadas em nylon justo, movendo seus tornozelos esguios e buscando o que restou da alma delas e da minha com seus próprios olhos...

claro, merda, espero que você consiga encontrar um poema no meio desses; se não, devolva os que não for usar, ou o que for. rejeição é bom pra alma. minha alma já é uma mula.

# 1970

*A Introdução a seguir foi originalmente publicada em* Dronken Mirakels & Andere Offers, *traduzida por Belart para o holandês, mas que nunca foi publicada em inglês.*

[PARA GERARD BELART]
11 DE JANEIRO DE 1970

[...] "Introdução"

Revendo esses poemas — para colocar de forma simples e talvez melodramática: eles foram escritos com meus sangue. Foram escritos com medo e ousadia e loucura e não sabendo o que mais fazer. Foram escritos como paredes erguidas, afastando os inimigos. Foram escritos enquanto as paredes caíam, e eles chegaram e me alcançaram e me falaram da atrocidade sagrada da minha respiração. Não há saída; não há como ganhar minha guerra particular. Cada passo que dou é um passo através do inferno. Acho que os dias são ruins e então a noite vem. A noite vem e as belas damas dormem com outros homens — homens com cara de rato, cara de sapo. Olho pro teto e escuto a chuva ou o som do nada e espero a minha morte. Esses poemas vieram

SOBRE A ESCRITA

disso. Algo assim. Não estarei totalmente sozinho se uma pessoa no mundo entendê-los. As páginas são suas.

[PARA MARVIN MALONE]
4 DE ABRIL DE 1970

[...] minha esperança é que a *Wormwood Review* dure tanto quanto você. Venho observando as revistas desde o fim dos anos 1930, então não posso defender a *Blast* ou o início da *Poetry, A Magazine of Verse*. Mas eu colocaria a *Wormwood* no topo junto com a velha revista *Story*, a *Outsider*, a *Accent*, a *Decade*, uma força muito definitiva na forja de uma literatura vivida e significativa. se isso parecer presunçoso, deixe pra lá. você fez um belo trabalho.

deixe eu enrolar um cigarro. pronto. sim, eu entendo seu desejo de não lidar com as prima d's, mas queria que você soubesse que eu não sou uma p.d., você pode ter ouvido alguma merda ou calúnia sobre mim, mas eu te aconselho a ignorar as fofocas. o que eu *sou* é um ermitão, sempre fui, e só porque publiquei alguns madrigais não significa que vou mudar meu jeito. eu nunca gostei do tipo literário, antes ou agora. bebo com meus proprietários; bebo com x-presidiários, doidos, fascistas, anarquistas, ladrões, mas mantenha os literatos longe de mim. cristo, como eles reclamam e tagarelam e fofocam e choram e entendiam. há exceções. Richmond é uma. não tem mentira ali. posso beber 5 ou dez latas de cerveja com Steve e ele nunca vai começar a merda literária triste, ou qualquer tipo de merda. você precisa ouvi-lo rir. mas existem outros tipos. muitos outros tipos. filhinhos da mamãe. vendedores. publicitários. fracotes. puxa-sacos. cobrinhas venenosas. [...]

sim, eu me viro com a máquina e o pincel, mas que porra. e tem sido uma linha tênue — e eu me dei bem escrevendo e pintando exatamente como queria. quanto tempo posso ficar com a cabeça fora d'água, não sei. Sua oferta de 10 dólares por

2 poemas, muito gentil. bem, como estou me virando, podemos cortar isso pela metade? que tal 5 dólares por 2 poemas? pode ser assim? isso deixaria 20 para os 8 poemas, quando publicados. O motivo pelo qual me viro não é só a menina — porque essa é uma história triste, afinal, mesmo que eu de fato a ame —, mas é difícil datilografar na merda, sabe. então, Malone, se você puder chegar em 20, eu aceito 20, a qualquer momento, certo?

[Para John Martin]
10 de maio de 1970

[...] Não consigo concordar com você quanto à ideia do dicionário pro romance [*Cartas na rua*], mas, se você insiste, vamos em frente, continue anotando palavras. Eu acho, porém, que a maior parte dos termos é óbvia até mesmo para alguém de fora. mas estou feliz o suficiente por você provavelmente fazer o romance, então me adapto se nec. Eu de fato acho que o dicionário tem um efeito comercial e desvalorizador, porém. Pense um pouco nisso.

[Para John Martin]
[Julho?] de 1970

[...] Em *Cartas na rua*, localizei o ponto do "inglês perfeito" que (o qual?) me incomoda. Se você quiser deixar assim, tudo bem. Mas dei uma topada com o dedão nisso logo de cara e pode ser que estivesse no manus. original. Página 5:

3ª linha: "e não foi pago". Parece um pouco presunçoso. "e não recebeu"* parece menos presunçoso. mas tanto faz. toda vez

---

* Adaptado. No original, a diferença é entre "and did not get paid" e "and didn't get paid". [*N.T.*]

que olho pro romance ele parece melhor. acho que consegui me sair com o que pretendia — que não é pregar, mas registrar. é, seria bom se vendêssemos os direitos pra um filme e nós dois ficássemos ricos, como dividimos 50/50 seu contrato? consigo te ver em um grande escritório com equipe paga em tempo integral. e eu em uma velha barraca nas colinas vivendo com 3 meninas novas ao mesmo tempo. ah, o sonho!

*Weissner, um jovem editor alemão que tinha publicado Bukowski pela primeira vez em sua pequena revista, a* Klactoveedsedsteen, *em Heidelberg, em 1967, por fim se tornou o tradutor de longa data de Bukowski para o alemão e seu agente literário, tornando-o extremamente popular em sua terra natal. Bukowski sempre considerou Weissner um de seus poucos amigos de verdade.*

[Para Carl Weissner]
11 de julho de 1970

[...] em *Cartas na rua* estou com muita coisa atrasada da parte de John Martin, que é um cara legal, mas que está fazendo coisas demais ao mesmo tempo. ele afirma que eu escrevi *Cartas na rua* enquanto estava meio fora da caixa — aquele período de transição depois de sair da amarra de onze anos. bem, é verdade que eu estava enrolado. ele diz que é um bom romance... talvez até ótimo, mas que eu enrolei meus tempos verbais e tenho particípios pendurados, essa coisa toda. ele diz que precisa endireitar a gramática e então fazer algumas cópias. não concordo. acho que deveria ser lido exatamente como foi escrito. John fez muitas coisas boas por mim, mas tem muito de careta nele. ele não vai admitir, mas todos os escritores que ele publica, exceto um, não são muito perigosos ou novos; eles são bem seguros, mas Martin ganha dinheiro, então dane-se... isso prova algum tipo de argumento, ele até queria que eu escrevesse uma coisinha tipo dicionário para ir na frente explicando alguns termos postais. eu não estava a fim e tentei tirar ele dessa, mas ele respondeu e explicou que eu só estava me sentindo mal porque tinha perdido nas corridas. o homem me trata demais como algum tipo de idiota. eu ia aparecer em um programa de rádio uma noite e ele me telefonou e tentou me dizer o que FALAR. "escute, John", eu precisei dizer a ele, "qual de nós dois é Bukowski?", mas escritores precisam aguentar essa coisa de editor; é imortal, eterna e errada.

John diz que quer segurar *Cartas na rua* até *The Days* [*Run Away Like Wild Horses Over the Hills*] [Os dias correm como cavalos selvagens nas colinas, em tradução livre] esgotar. ele diz que quando um livro novo sai os velhos param de vender, então agora precisamos esperar. "eu te garanto", ele escreveu, "que os alemães não aceitariam *Cartas na rua* em sua forma atual." que raios é isso? ninguém corrigiu a gramática do *Notas* [*de um velho safado*]. Assinei um contrato com ele e ele tem prioridade nos meus próximos 3 livros, então tem isso. E acho que ele não quer soltar os manuscritos até estar pronto para fazer o livro em inglês ele mesmo. claro, se eu ainda estiver por aqui e você e Meltzer ainda estiverem por aí eu vou mandar pra você e mais alguns aí uma cópia e então podemos torcer para sermos aceitos por alguém e alguma negociação? cristo. e eu vou precisar revisar a versão dele com a gramática corrigida e colocar um pouco de mim de volta. ele diz que o livro vai sair no outono ou no inverno, algo assim, mas de alguma forma eu sinto uma enrolação. os livros que ele publicou foram bem seguros até aqui, e em *Cartas na rua* tem bastante gente fodendo e xingando e talvez um pouco de loucura. acho que é melhor do que o *Notas* e escrevi capítulos curtos estilo metralhadora na esperança de dar alguma verve e ritmo e escapar da atmosfera do romance, que eu odeio.

Não me entenda mal, John é uma boa pessoa, mas sinto que aqui ele está com um pouco de medo de publicar o livro. é muito mais cru do que literário e acho que inconscientemente ele está com medo de que vá estragar sua rep., então a gente tem tudo isso — uma coisa empacada e eu me sentindo preso. [...]

Aliás, vendi 3 ou 4 capítulos do romance pras revistas de sacanagem, uma delas saiu outro dia; já fui pago pelas outras. isso antes de eu mandar o manuscrito para o Martin, que é tipo mandar um dos seus filhos pra porra das catacumbas. enfim, eu datilografei os contos direto do manuscrito e não ouvi nenhuma reclamação sobre particípios pendurados. eu realmente devia mandar essa carta pro Martin em vez de pra você, mas ele só iria vir com o conselho paterno. eu até disse a ele uma vez, "Jesus, você age como meu pai". Aí falei: "Talvez eu devesse te nomear como coautor de *Cartas na rua*".

"Ah, não, não, você não entende. Não estou mudando seu estilo nem nada. Quero que você apareça como é. Mas te garanto que os alemães nunca iriam..."

"Sim, pai."

"Olha, eu andei te ligando, Bukowski, mas você nunca está. Você andou no pó ou apostando em cavalos?"

"Os dois."

Então aí está, Carl, uma bagunça bem engordurada e grudenta. tenho algumas cenas nas quais vasos de flores caem na bunda do cara enquanto ele está trepando, tiradas da minha vida. minha esposa. um lugar sujo na montanha com moscas e um cachorro idiota. parte do livro. minha esposa vomitando enquanto mastiga os cus de lesmas chinesas, eu gritando, "Todo mundo tem cu! Até árvores têm cu, só você não consegue ver!", e por aí vai.

um cara me telefonou. "Li aquela parte na revista suja. Isso é do seu romance?"

"É."

"Cara, é boa! Quando o romance sai?"

"Tem uns impasses técnicos."

"Diga a ele para soltar logo. Mal posso esperar."

"Sinto", eu digo a ele, "que você vai ter que fazer isso." ["*disse*" — *ha ha ha!* acrescentado à mão] [...]

tudo bem, acho que reclamei demais hoje. sou só um cara de Andernach. que alguém me disse que é uma cidade quadrada de merda. bem, a culpa de Andernach é minha também. Andernach é um particípio pendurado, uma xoxota seca, uma mosca na água gelada... Mas eu nasci lá, e quando alguém diz "Andernach" eu sorrio e respondo "é". deixe eles me enforcarem por isso. e é meio que isso.

[PARA ROBERT HEAD E DARLENE FIFE]
19 DE AGOSTO DE 1970*

Me parece que alguns membros da Lib. Feminina estão tentando impor uma censura sobre a liberdade de expressão, uma censura que excede até as ambições de algumas cidades, condados, estados e grupos do gov. que praticam os mesmos objetivos e métodos. Um homem pode escrever uma história sobre foder ou mesmo sobre mulheres chatas sem odiar mulheres. As irmãs devem notar que limitações sobre certas formas de escrita vão, eventualmente,

---

* Desde que Bukowski alcançou certa notoriedade, na década de 1970, sua ficção foi criticada por feministas por conta do retrato raivoso e muitas vezes pejorativo de personagens femininas. A objetificação das personagens e a obsessão por meninas mais novas também são pontos apontados por leitoras desde aquela época até hoje. Louis-Ferdinand Céline, com quem ele se compara nessa carta, era de fato um notório antissemita que publicou panfletos de ódio contra judeus na década de 1940 e colaborou ativamente com o partido nazista durante o período de ocupação da França. [*N.T.*]

levar a controle e limitação de todas as formas de escrita, exceto aquela escolhida por um grupo sancionado. Um escritor deve poder tocar em todas as coisas. Céline foi acusado de ser antissemita, e quando lhe perguntaram sobre certa passagem — "os pesados passos do judeu..." — ele afirmou "eu só não gosto de *pessoas*. Nesse caso, aconteceu de ser um judeu". Certos grupos são mais sensíveis a ser mencionados do que outros. Certas pessoas se recusam a ser usadas como modelos. Depois do primeiro romance de Thomas Wolfe, ele não podia voltar pra casa. Até depois. Até ser justificado e sancionado pelos críticos. Até ter ganhado dinheiro. Então a gente dele ficou orgulhosa de estar nos romances. A criação não suporta restrições. Diga às irmãs para manterem as calcinhas tranquilas. Todos nós precisamos uns dos outros.

[Para Harold Norse]
15 DE SETEMBRO DE 1970

não há nada para escrever. estou pendurado pelas bolas. as histórias voltam na velocidade em que as escrevo. acabou. é claro, eu acerto com os poemas. mas poemas não pagam o aluguel. estou bem pra baixo, isso é tudo. não há nada para escrever. nenhuma esperança. nenhuma chance. *finis*. Neeli escreve que vê *Notas de um velho safado* e os 13 da Penguin* por toda parte. Agora o *Notas* foi traduzido para o alemão, teve uma boa resenha na *Spiegel* — a *Newsweek* da Alemanha —, circulação de um milhão, mas, mesmo assim, minhas coisas podiam ter sido escritas por Jack, o Estripador. muito difícil continuar. primeiro cheque em 2 meses hoje

---

\* *13 Modern Poets* [13 poetas modernos, em tradução livre], coletânea de poesia contemporânea da Penguin que trazia alguns poemas de Bukowski. [N.T.]

— meros 50 dólares. conto para uma revista de sacanagem sobre um cara em um hospício que escala as paredes, pega um ônibus, puxa o peito de uma mulher, salta, entra em uma drogaria, pega um maço de cigarros, acende um, diz pra todo mundo que é Deus, então se inclina pra frente, levanta o vestido de uma menininha e belisca a bunda dela. acho que é o meu futuro. *finis finis finis*. Hal, estou mal. não consigo escrever.

*Lafayette Young, dono de uma livraria, e Bukowski se corresponderam no início dos anos 1970. Bukowski afirmava que ele "colocava algo" nas cartas para Young, chamando-o de "uma das melhores pessoas que já conheci".*

[PARA LAFAYETTE YOUNG]
25 DE OUTUBRO DE 1970

[...] Preciso beber e apostar para escapar dessa máquina de escrever. Não que eu não ame essa velha máquina quando ela está funcionando bem. Mas saber quando ir até ela e saber quando ficar longe dela, esse é o truque. Realmente não quero ser um escritor *profissional*, quero escrever o que quero escrever. Senão, tudo foi desperdício. Não quero soar carola a respeito disso; não é sagrado — é mais como o Marinheiro Popeye. Mas Popeye sabia quando se mover. Hemingway também, até ele começar a falar sobre "disciplina"; Pound também falava de fazer o "trabalho". que merda, mas eu tive mais sorte que eles dois porque trabalhei em fábricas e abatedouros e bancos de parque e sei que TRABALHO e DISCIPLINA são palavras indecentes. sei o que significam, mas, para mim, precisa ser um jogo diferente. é igual a uma boa mulher: se você a come 3 vezes por dia, 7 dias por semana, normalmente não vai ser muito bom. tudo precisa ser arranjado. é claro, eu me lembro de uma, funcionava assim com ela. claro, estávamos bebendo vinho e passando fome e não tínhamos nada mais pra fazer exceto nos preocuparmos com a morte e o aluguel e o mundo de aço, então funcionou pra gente. (Jane.) mas agora estou tão velho e feio e as meninas quase nunca vêm aqui, então são cavalos e cerveja. e esperar. esperar a morte. esperar a máquina de escrever. é fácil ser esperto e brilhante quando se tem 20 anos. eu não era porque sempre fui meio subnormal do meu próprio jeito. agora sou mais forte e mais fraco, mas, agora, com a faca no pescoço, minha escolha OU não está lá, no geral. e eu não amei muito a vida; no geral foi um jogo bem sujo. nascido para morrer. nós não somos nada além de pinos de boliche, meu amigo. [...]

Guy Williams tentou sugar fundos do dept. de inglês para uma leitura. Auden ganhando 2.000 dólares. outros normalmente ganham de 3 a 500. pobre Williams. ele deve ter recebido um caminhão de merda. o dept. de inglês não quis Bukowski. ok, talvez estejam certos. tirei dois "D" em inglês na City College de L.A. enfim, Williams recebeu 100 dólares em fundos do dept. de Artes para me colocar em uma leitura de poesia! espero que não o atrapalhe. eu já te disse que leituras são o mais puro dos infernos surrentos, mas tropecei em ter que me virar depois que larguei aquelas malditas cartas no correio, e ninguém vai pagar meu aluguel porque prefiro ficar deitado o dia todo, beber cerveja e escutar Shostakovich, Handel, Mahler e Stravinski. então, eu leio. na minha última leitura, em Cal State, Long Beach, vomitei primeiro, depois li com gotas de suor pingando na mesa, que fui limpando com a ponta do dedo. mas tem outra parte de mim que vê até o fim. Bem, se Auden vale 2 paus, talvez ele ensine algo pra gente. provavelmente como se foder.

*Wantling era um poeta e romancista de pequenas editoras que morreu do coração aos quarenta anos. O conto que Bukowski discute a seguir é "Christ with Barbecue Sauce"* [Cristo com molho barbecue, em tradução livre]*, publicado em um tabloide em 1970.*

## [PARA WILLIAM E RUTH WANTLING]
### 30 DE OUTUBRO DE 1970

[...] Mandei o conto porque achei que vocês dois pudessem *ver*. aqueles canibais podem ser humanos também, assim como aranhas são aranhas. quer dizer, você precisa do que precisa, está implantado lá. a moral é só a união democrática ou fascista das mentes que veem o mesmo quadro, fórmula, código ou o que seja. é tudo básico; não tem discussão. caras legais não chupam o próprio pinto. ou chupam?

o conto foi tirado de uma notícia de jornal que eu não vi, mas que alguém me contou enquanto eu bebia com ele e a mulher. ele é um prof. agora e eu disse a ele que não valia a pena, que eles iam cortar as bolas dele fora, não de cara, mas alguma hora. claro, a esposa gosta e eu gosto da esposa dele, o que confunde tudo. vários professores eu nem deixo passarem pela porta; digo a eles que estou gripado e normalmente estou. eles pegam a maldita cerveja, agradecem, sentam-se no escuro e esperam por Mozart, Bach ou Mahler, esp. Mahler, e bebem a merda. onde eu estava? ah, é, a notícia de jornal. eu tirei a história de lá. do jeito que foi, acho que eles pegaram essas pessoas no Texas e quando as puxaram de lado uma delas estava lambendo o resto da carne dos ossos dos dedos. bem, eu estava bebendo quando ouvi isso e achei muito engraçado. quer dizer, sim, vocês sabem, meus caros, eu trabalhei duas vezes em um abatedouro e quando você vê carne sangrando por toda parte o suficiente você sabe que carne é só carne e que ela de alguma forma ficou presa, é tudo. Mas, vejam, não estou implorando para ser pego, assado e comido. estou velho, mas carrego um bom pedaço de aço no meu bolso esquerdo e, a menos que me peguem bêbado ou confiando (ver César), alguém vai ver um pouco do próprio sangue. onde estávamos? enfim, achei que era uma história muito engraçada. canibais no Texas. acho que vários médicos, cirurgiães esp., são canibais, mas não têm as bolas de passar totalmente pro outro lado, então só fuçam e cortam. o conto, o conto. estou bebendo. cambaleando. lla lllaa, la la, tudo que eu tentei fazer foi contar o que fez acontecer assim e mostrar que, basicamente, não foi um CRIME, mas uma FUNÇÃO causada por ALGO.

É uma história engraçada porque admite todas as possibilidades humanas sem culpa; o humor sendo que nós só aprendemos as concepções e as possibilidades dignas dessa matemática triste chamada Vida.

[PARA JOHN MARTIN]
[NOVEMBRO?] DE 1970

Incluí alguns rascunhos. Não digo que sejam nada além disso. Agora que consegui essas 4 colunas na *Candid Press*, vamos ver o que eles fazem. Não me importo de mudar um pouco, tirando as pontas. Sinto que estou velho demais para ser destruído — criativamente —, está arraigado como a morte, não dá para tirar. Mas, basicamente, escrever é um bico muito difícil e eu gosto de ver algum $$$$ entrando. Bom pro espírito.

Não me leve a mal. Quando digo que basicamente escrever é um bico difícil, não quero dizer que é uma vida ruim, se você consegue se sair com ela. É o milagre dos milagres ganhar a vida com uma máquina de escrever. E sua ajuda foi um belo de um incentivo moral. Você nem sabe o quanto. Mas escrever requer disciplina como todo o resto. As horas passam muito rápido e, mesmo quando não estou escrevendo, estou planejando, e é por isso que não gosto de pessoas aqui me trazendo cerveja e tagarelando. Elas embaçam minha vista, me tiram do fluxo. Claro, não posso ficar sentado à máquina dia e noite, então as corridas são um bom lugar para as ideias FLUÍREM DE VOLTA. Consigo entender por que Hemingway precisava das touradas — eram uma excursão de ação rápida para limpar a vista. É o mesmo para mim com os cavalos. Tenho todas essas pessoas na tourada e preciso executar os movimentos. É por isso que, quando perco, eu levo tão a sério. Primeiro, não tenho o dinheiro; segundo, noto que fiz o movimento errado. Os cavalos podem ser vencidos se o homem fizer disso uma arte, mas, ao mesmo tempo, os cavalos tomam o seu tempo livre, e é disso que um escritor precisa. Então, tento fazer tudo de acordo — o tempo livre quando é adequado e as ideias fluindo e a máquina batendo. quando a máquina está quieta, de volta pras touradas. para testar a precisão dos meus movimentos. acho que não estou sendo muito claro aqui. Ah, bom.

*Curt Johnson era editor de uma pequena editora que publicou a poesia de Bukowski na revista literária* December *em 1971. Johnson também coeditou a* Candid Press, *um tabloide pornográfico no qual publicou alguns contos de Bukowski no final de 1970.*

## [PARA CURT JOHNSON]
### 3 DE DEZEMBRO DE 1970

Deixar o nome de fora ok.

Só estou feliz de ter acertado uma com vocês. O cheque de 45 dólares não voltou, de qualquer forma, e me permitiu fazer uns

## SOBRE A ESCRITA

consertos no meu velho Comet '62 e fazê-lo funcionar de novo para eu poder ir às verdinhas das minhas leituras de poesia nas quais leio meio bêbado e descolo mais umas pratas. Agora escutando Haydn. Devo ser doido. Mas gostei de escrever esse conto. Li no jornal que pegaram uns canibais em algum lugar — Texas, eu acho — e quando eles os pararam essa mina estava lambendo a carne dos dedos de uma das mãos... eu tirei daí.

[Para Gerard Belart]
4 de dezembro de 1970

[...] Alguém acabou de me dar um exemplar do livro *De castelo em castelo* outro dia, então não mande, mas obrigado. Estou lendo agora. Não chega à altura de *Viagem* [*ao fim da noite*]... Ele tem algo acontecendo no livro, mas está *perto* demais dele mesmo. Falta o humor através do horror de *Viagem*... A verdade sempre faz rir, especialmente se é uma verdade dita de certa forma e em certo estilo. Mas acho que ele só levou na bunda vezes demais; o homem alguma hora se curva e quebra e perde aquele toque... a grande Arte é pura reclamação em uma gaiola de ouro. Aqui Céline só atira maçãs podres e bolas de catarro na gente. Ainda assim, por outro lado, se *Castelo* tivesse sido escrito por qualquer pessoa que *não* Céline, eu teria dito "Aqui, olhe, não é nada mal!". Mas é como com Beiles — você compara apenas o melhor com o melhor. Não pode evitar. Uma vez que um homem saltou 5 metros no ar, quando ele volta e só salta 4 metros, não é suficiente pra gente.

*Editor de uma pequena editora e poeta, Norman Moser publicou o trabalho de Bukowski na revista* Pulse *em 1971, incluindo a carta a seguir, que está reimpressa integralmente.*

# [Para Norman Moser]
## 15 de dezembro de 1970

Bem, a gente supera nossas coisas, ou estamos mortos. Ou estamos vivos e mortos — "this man's dead life/that man's life dying" [a vida morta desse homem/a vida daquele homem morrendo, em tradução livre], Spender, o Steven [Spender], quando estava indo bem... Agora, inferno, eu perdi aquela coisa que você me mandou, você me pediu para escrever alguma coisa sobre alguma coisa, então vou ter que enrolar com uma carta pessoal. Faça com ela o que quiser. Nós já passamos por muita coisa, não é? — desde que eu apostei aqueles dez ou vinte em você quando você tinha o saco de dormir e sua pilha de poemas e eu disse que esse poema era bom e eu não gostava daquele outro, e o cara escolheu um dos seus piores e disse "isso, sim, é um *poema*...", eu não entendi nada, e acho que estávamos bebendo, e tudo se resumia àquele poema, você e o cara discutindo, então ele te chutou pra fora e eu me lembro de você aos prantos... você enrolando cadernos e meias sujas com corda. Foi triste, com certeza, foi triste. e nós descemos a escada juntos e você disse "Bukowski, eu não tenho onde ficar". e eu disse "olha, rapaz, eu sou um ermitão. não suporto pessoas, boas ou ruins; preciso ficar sozinho... Cristo, arranje um quarto pra você...", e eu te passei uma nota e fugi para a noite. Bukowski, o grande entendedor, era um covarde. Te comprei, foi o que fiz. Só para ficar sozinho com meus próprios ossos. Você parecia mais confortável da última vez que te vi, depois da minha leitura da U[niversidade do] N[ovo] M[éxico], embora eu estivesse um pouco bêbado você parecia, notei, confortável e calmo o suficiente, e você mencionou os velhos tempos, a nota que eu tinha colocado na sua mão, e então foi um pouco estranho e engraçado lá, a tantas milhas e tantos anos de onde tinha acontecido, nós dois mais velhos, especialmente eu, e nós dois ainda vivos. bem.

Então, voltando à pilha enviada a mim e algumas perguntas feitas ou ponderadas ou o que quer que seja... claro, são tempos monumentais... todos os nossos tempos foram monumentais porque cada vida é, 1970, 1370, 1170... Claro, não há dúvidas de que a barra subiu um pouco. Existe a possibilidade de que pela primeira vez na história não estejamos em uma guerra de nação contra nação, mas de cor contra cor — Branco, Preto, Marrom, Amarelo. Existe uma ferocidade nas ruas, um ódio. O problema com a raça branca é que muitos odeiam uns aos outros; isso é verdade para as outras raças, mas não no nosso grau. Não temos a coesão da Irmandade. As únicas coisas que temos são um certo terrível poder mental, esperteza e a capacidade de lutar na hora certa, a capacidade de enganar, pensar mais à frente e até mesmo ter mais coragem que a oposição. Não importa o quanto o homem branco se odeie, ele simplesmente é *talentoso*, mas pode estar terminando por um motivo ou outro... *The Decline of the West* [A decadência do Ocidente, em tradução livre], de Spengler, escrito tantos anos atrás... os sinais estão aparecendo... Ou os branquelos precisam finalmente arrumar alguma ALMA ou toda essa esperteza vai ser só porra desperdiçada...

Talvez não fosse disso que seu maço falasse, afinal. Eu tive noites bêbadas demais e dias deprimidos demais desde que o recebi. E sempre perco tudo — empregos, mulheres, canetas esferográficas, brigas, pedidos de bolsa para o Fundo Nacional das Artes e por aí vai... onde eu estava?

Ah, sim, preciso dizer, enfim, que é perigoso para um poeta posar de profeta, um poeta/escritor posar de profeta. Aqui nos EUA os escritores mais sérios escrevem por muitos anos antes de serem escutados ou reconhecidos, se chegam a ser. Infelizmente, muitos tontos são reconhecidos porque suas mentes estão próximas à mente do público. Normalmente, um escritor de força está entre 20 e 200 anos à frente da sua geração, e portanto passa fome, se suicida, fica louco e só é reconhecido se porções do seu trabalho são de alguma forma descobertas mais tarde, muito mais tarde, em uma caixa de sapato embaixo do colchão de uma cama de puteiro, sabe.

Certo, então. Digamos que um grande escritor dos EUA finalmente chegue lá... o que quer dizer que ele finalmente não precisa mais se preocupar em pagar o aluguel e até vai pra cama com um pedaço bem bonito de mulher de vez em quando. A maior parte aguentou (o escritor, não a mulher) qualquer coisa entre 5 a 25 anos de não reconhecimento... e quando ele finalmente *consegue* seu bocado de reconhecimento, ele não pode controlar. Macaco? Raios, sim! Essa estação de TV? Ok? De que você quer que eu fale? é, eu falo. Que que cê quer saber? História mundial? O sentido do Homem? Ecologia? A explosão populacional? A Revolução? Que cê quer saber? Fotógrafo da revista *Life*? Claro, pode entrar!

Aqui está um cara que tem bebido vinho barato em um quarto pequeno há 15 anos, que tinha que andar pelo corredor até o banheiro para cagar. E quando ele datilografava, velhas senhoras batiam no teto e nos chãos com cabos de vassoura, matando-o de susto...

"Cale isso, seu idiota!"

De repente, como por algum truque, ele fica conhecido... Seu trabalho é banido, ou ele desceu a Broadway com o pinto para fora durante a parada de Natal e descobriram que ele era um poeta... Qualquer coisa serve. Talento ajuda, mas nem sempre é necessário. Uma das melhores frases foi dita não por um filósofo, mas por um jogador de beisebol que sempre tinha dificuldades de manter sua média perto dos .250... Leo Durocher: "Eu prefiro ter sorte a ser bom...". Isso foi porque Durocher sabia que dez ou vinte lances de sorte no campo significavam a diferença entre os pequenos e os grandes.

Então você tem os bons e velhos EUA. Nesse momento existem provavelmente só uma dúzia de escritores que conseguem escrever com verve e fogo. Desses, digamos, dois foram reconhecidos (de alguma forma, sorte), 8 irão para o túmulo sem nunca terem sido publicados em lugar nenhum. Os outros 2 serão encontrados e desenterrados mais tarde por acaso.

Então, o que acontece quando uma das dúzias de grandes finalmente dá a sorte de cair nos holofotes? Fácil. Eles o matam. Ele viveu nesses pequenos quartos e passou fome por tanto tempo que ele acredita que merece tudo que recebe — então ele se vende, tentando preencher o vazio dos anos solitários...

Caro sr. Evans:

Você nos escreveria algo sobre a Questão Negro-Branco ou Hippies ou Para Onde Estamos Indo na América de Hoje? Algo assim. Pode ficar bem sossegado que qualquer coisa que você escrever será aceita. Nós te pagaremos, no aceite, qualquer coisa entre 1.000 e 5.000 dólares por artigo, dependendo do tamanho. Sempre fomos admiradores do seu trabalho... Aliás, você sabia que uma das nossas editoras-assistentes, Virginia McAnally, sentava-se do seu lado em Inglês II na Universidade de...?

Então, o homem que manteve seu estilo, sua energia e sua verdade estritamente dentro da forma-Arte de repente é visitado pela riqueza. Oferecem-lhe leituras em universidades a partir de 5.000 dólares mais despesas até 2 paus mais despesas mais o que ele desejar foder se ainda estiver sóbrio o suficiente para isso depois da leitura ou depois da festa... É muito difícil para um homem que foi detestado por sua proprietária em um quarto de 8 dólares por semana se desviar desse caminho fácil. Onde antes ele tinha sido um Artista puro falando com propriedade de dor, loucura e verdade, agora todo mundo está disposto a ouvir sua baboseira, mas ele não tem mais nada a dizer. Um nome. *Um nome!* Isso é tudo que eles querem. E uma barba, se possível. O Artista americano, até onde eu sei, com a exceção de Jeffers e Pound, sempre mordeu a isca. Nenhum nome me vem à mente agora. Mas citar nomes não prova nada. Acontece! Eles são enganados e presos e, finalmente, embora não notem, serão jogados fora. Porque foram sua energia e sua verdade originais que atraíram a multidão subnormal de qualquer forma...

Duvido que isso seja exatamente o que você queria, Norm. Estou preso na minha própria alma de bacalhau e não afirmo ser excepcional, embora provavelmente seja, digamos, da minha forma peculiar e peixenta. Quando for contratado para trabalhar na *New Yorker*, eu te aviso. Até lá, bolas, cu, e eu sentado aqui com todas as cores diferentes de graxa de sapato... quem invadir aqui primeiro, eu estou com ele... se lambuze... eu tenho todas as cores, todos os tons... ah, espere, está faltando um... ah, merda, eu já tenho *isso*...

Boa sorte com sua edição sobre o guru. Acho que vai ser bem chata e santimonial, no entanto... todas essas bocas dizendo tudo e qualquer coisa. bem, você que pediu.

# 1971

[Para Lawrence Ferlinghetti]
8 de janeiro de 1971

Enquanto você cruza o país com Corso e Ginsberg, fazendo leituras em univercidades e trepando com todas as estudantes jovenzinhas e enquanto *eu* estou aqui criando Arte, as coisas acontecem... ah, perdão, eu não quis dar a entender que Ginsberg trepa com garotas. Eu sei que ele está na viagem ecológica... olhe, eu ouvi falar de um cara que supostamente paga esses adiantamentos fab. para livros de contos... então, mandei a ele algumas amostras e devo ter notícias logo, mas meu chute é que a resposta vai ser "não". Acho que ele vai ficar assustado com as minhas coisas, então veremos. Ok? Eu realmente queria ver alguém fazendo um livro com meus novos contos e eu acho que esse cara vai amarelar... então vou bater na sua porta logo mais com minha mala de contos pegajosos engordurados cruéis e escrotos... nós temos muitas possibilidades de nos juntarmos em ALGUMA COISA, jesus cristo, parece que sim...

[Para Steve Richmond]
Março de 1971

ok, bom para *Cartas na rua* que rolou pra você. tentei manter algum RITMO ali. a maior parte dos romances me entedia, mesmo os ótimos. sem ritmo. gosto de rios fluindo mais rápido. ok.

é, *A metamorfose* é fascinante. Não, o Kafka eu não acho que se ocupe muito das senhoras; ele é bom para o que faz, porém. Jeffers, claro, viveu o banho de sangue, então conseguiu entrar nas mulheres e olhar para fora delas como elas olham — algo que eu até agora não consegui, talvez nunca consiga. D. H. Lawrence nunca chegou lá, dane-se a reputação dele. ele só tinha essa grande mãe-vaca e tudo vinha a ele através dessa mãe-vaca — eu chuto que Lawrence era um homem de peitos mais que um homem de pernas —, enfim, ele tinha essa VACA e tudo se transferia pela vaca, todos os sentidos, os tons, as mensagens, então ele não acertou muito. uma vaca: uma mensagem.

[Para Lawrence Ferlinghetti]
22 de abril de 1971

Obrigado pelo cartão. Estou todo animado com o livro, YAY! Não conseguia dormir noite passada, então fiquei acordado folheando *Open Cities*, a maior parte em formato grande, que saiu depois que o *Notas* (o livro) foi publicado... com esses, folheando, descobri conto depois de conto depois de conto. Umas coisas boas pra caralho boa, Larry. Antes de eu examinar a pilha TEREMOS ENTRE 25 E 50 CONTOS A MAIS! A merda mais *doída* desde Boccaccio e Swift! Você nem SABE no que tropeçou, cara. Você vai levar crédito por ser o maior editor de todos os tempos. Primeiro *Uivo*, depois isso. Você vai ver. [...]

Desculpe meu entusiasmo. Mas isso vai ser um estouro, isso vai ser o fim da Lua. batendo punheta pra Cristo, sim. Eu preciso ler na S. C. amanhã e dar uma trepada no fim de semana, mas em algum momento da semana que vem todos esses outros contos vão chegar para você. boa leitura. [...]

Ok, o livro é uma chama maior que o céu!

Nós vamos avançar e rejeitar realidades estúpidas e irrealidades chatas bang bang!

Todos os peixes vão voar, todos os pássaros vão nadar, o lago vai virar sopa de cebola e o sangue nunca vai morrer.

*Bukowski mandou os dois trechos a seguir para Ferlinghetti; Ferlinghetti usou o primeiro na quarta capa de* Fabulário geral do delírio cotidiano, *enquanto o segundo não tinha sido publicado até o momento. O livro de poemas e prosa planejado,* Bukowskiana, *nunca foi para a frente e acabou se tornando* Fabulário.

[PARA LAWRENCE FERLINGHETTI]
30 DE DEZEMBRO DE 1971

Obrigado pela carta e pelo panfleto de pedidos... acho que *Bukowskiana* vai acontecer. Ainda estou bem pra cima e animado com o livro. Realmente acredito que vai ser o meu melhor.

Sim, tudo bem usar a foto na frente. Atrás... bem, não sei. Aliás, é "rei dos poetas boca-suja...". Se você quiser usar isso, fica a seu critério. Escrevi quase tudo para o *Open City*... me referindo ao panfleto. pouca coisa, talvez nada, para a *L.A. Free Press*... não sei de nenhuma citação boa que possamos usar... Estou cansado daquela sobre Sartre e Genet me chamando de o melhor poeta da América. Nem sei como isso começou. Duvido da verdade dela, acho que foi alguma coisa que Jon Webb tirou de proporção e outros pegaram. Não sei.

Se quiser algo para a quarta capa do livro, eu te faço um resumo:

Charles Bukowski, nascido em 16/08/1929, Andernach, Alemanha. Trazido para a América aos 2 anos de idade. 18 ou 20 livros de prosa e poesia. Bukowski, depois de publicar prosa na *Story* e na *Portfolio*, parou de escrever por dez anos. Acabou na ala de caridade do Hospital Geral de L.A., com hemorragia como o clímax de dez anos de bebedeira. Alguns dizem que ele não morreu. Depois de sair do hospital, comprou uma máquina de escrever e começou a escrever de novo — poesia dessa vez.

Ele mais tarde voltou à prosa e ganhou alguma fama com sua coluna "Notas de um velho safado", que ele escreveu principalmente para o jornal *Open City*. Depois de 14 anos no correio ele se demitiu aos 50 anos, ele diz, para não ficar louco. Ele agora afirma estar desempregado e comer fitas de máquina de escrever. Casado uma vez, divorciado uma vez, amasiado muitas vezes, tem uma filha de 7 anos... Esses contos indecentes e imorais foram publicados principalmente em jornais independentes, com o *Nola Express* liderando na publicação deles. Outros apareceram no *Evergreen Review*, no *Knight*, no *Adam*, no *Pix* e no *Adam Reader*. Com Bukowski, os votos ainda estão sendo contados. Parece não haver meio-termo — as pessoas parecem ou amá-lo ou odiá-lo. As histórias de sua própria vida e de seus feitos são tão loucas e estranhas quanto as que ele escreve. Em certo sentido, Bukowski é uma lenda desse tempo... um louco, um recluso, um amante... terno, cruel... nunca o mesmo... esses contos excepcionais saem gritando da vida violenta e depravada dele... horríveis e sagrados... você não será o mesmo depois de lê-los.

Bem, Lawrence... algo assim... não sei... o que você acha?

[Segundo excerto]
"Um dicionário de loucura e arrependimento"
*Fabulário geral do delírio cotidiano*
de Charles Bukowski

Desde o *Uivo* de Ginsburg nenhum livro da City Lights causou tanta animação quanto esse recém-lançado volume jumbo de contos de Bukowski — 478 páginas. Bukowski é o Dostoiévski dos anos 1970. Não escreve apenas contos — toda a sua alma maníaca e amorosa está entremeada neles. A escrita é crua, mas pura risada por meio da dor. Muitos desses contos são histórias de amor, mas dificilmente histórias de amor comuns. Aqui há escrita feita com sangue, alma e agonia em vez de intelecto. Bukowski também escreve tragédias com humor — as cidades manchadas de sangue, as paredes solitárias, o amor que não deu certo são frequentemente abordados com uma graça cômica que é quase beatífica. Pode até haver ódio e/ou indecência em alguns desses contos, mas Bukowski é um apostador — nunca busca agradar, seja pessoalmente ou no trabalho. Muitos críticos dizem que Charles Bukowski é um dos melhores poetas do nosso tempo. Este livro de contos é também um acontecimento do nosso tempo — atos de horror e gênio vindos de um homem de

51 anos que se manteve bem escondido dos literatos por anos e que ainda se mantém um isolacionista e um enigma... se você quiser visitar esse curioso circo, passe pela massa escura de amor pregado em uma entrada feita de latas de cerveja.

# 1972

*Na edição de 4 de agosto de 1972 do* Nola Express, Alta, *poeta e publisher da editora feminista* Shameless Hussy Press,[*] *admitiu estar "chocada e ferida" pelas "fantasias de estupro" de Bukowski — publicadas por Darlene Fife no* Nola Express.

## [PARA DARLENE FIFE]
### 13 DE AGOSTO DE 1972

Sua Alta está confusa. Existem homens que estupram e homens que pensam em estupro. Escrever sobre isso não significa que o autor concorde com estupro, mesmo que tenha sido escrito na primeira pessoa. O direito de criação é o direito de mencionar o que existe. Eu até conheço algumas mulheres — pessoalmente — cujo maior desejo é ser estupradas. Criação é criação. Por exemplo, só porque um homem é negro não quer dizer que ele

---

* O nome da editora pode ser traduzido literalmente como "vadia sem vergonha". Alta Gerrey era poeta e ficcionista e publicou importantes obras feministas dos anos 1960 e 1970. A poesia de Alta tem um forte componente erótico, especialmente nos poemas lésbicos encontrados em *Letters to Women*. [N.T.]

não possa ser um filho da puta e só porque uma mulher é uma mulher isso não quer dizer que ela não possa ser uma vaca. Não vamos nos censurar da realidade para sermos bonzinhos. Além disso, pelo que Alta cita da minha coluna, consigo notar que ela é tão ferozmente correta (quase como um fanático religioso) que não entende o objetivo da coisa — que estou fazendo graça da atitude masculina para com as mulheres. Sinto muito que Alta tenha sofrido no leito matrimonial (como ela mencionou). Mas deixe-me lembrar essa querida menina de que *homens* também sofrem no leito matrimonial. Algumas vezes são *eles* que estão fazendo o serviço. Sério. Eu poderia dizer que Alta é um porco chauv. mulher. Homens também procuram mulheres que saibam aceitar o amor. O preconceito trabalha em todas as direções. Mas é quase inútil responder a um ataque como o de Alta. Só vai empurrá-la para uma direção errada ainda mais boazinha. Mas, ainda assim, às vezes esses tipos precisam ser respondidos. Sabe, diziam: como pode uma pessoa que ama animais, crianças e cachorros ser uma pessoa ruim? Agora é, como pode uma pessoa que é contra a guerra, água poluída, ar poluído, como pode uma pessoa que está lutando pelos direitos das mulheres ser uma pessoa ruim? Ou, era, ele tem cabelo comprido e barba, ele é legal. Bem, merda, veja, pode ser tudo uma fachada... Eu me reservo o direito de criar de qualquer forma que a realidade ou o humor ou até... o capricho... me ditem. Certo.

# SOBRE A ESCRITA

*William Packard editou a* New York Quarterly, *da qual Bukowski era colaborador frequente, entre 1969 e 2002. Bukowski elogiava as orientações editoriais de Packard, afirmando que ele era um dos melhores editores do século XX.*

### [PARA WILLIAM PACKARD]
#### 13 DE OUTUBRO DE 1972

essa coisa de escrever poesia, temos que deixar solta. fico feliz por poder trabalhar em um pouco de prosa e beber e brigar com a mulher para aliviar. dou essas entrevistas sobre técnica às vezes e me sinto como essas pessoas que lustram mogno. acho que vem de estudar demais e viver pouco. Hemingway viveu muito, mas acabou preso na técnica também, e depois de um tempo a técnica se tornou uma gaiola e o matou. acho que é tudo questão de tatear seu caminho. é como os espelhos que usávamos para nos perder naqueles lugares no píer* quando éramos crianças. É muito fácil perder tudo, se perder. e também não estou falando de nenhum lugar superior. vamos tomar uma cerveja para ter sorte e torcer para as mulheres ainda amarem nossas almas enrugadas e nossas coxas gastas, ah, que poético. merda.

mais poemas anexos. estou tentando construir um estoque e vou explodir o mundo com meus poemas. é.

### [PARA DAVID EVANIER]
#### FINAL DE 1972

[...] eu nunca gostei muito de escrever, criação, falo do que os outros rapazes fizeram. parecia para mim muito frágil e pretensioso, ainda

---

* Bukowski provavelmente se refere à Casa dos Espelhos, uma atração dos parques de diversões que, nos Estados Unidos, costumam estar localizados em píeres. [N.E.]

parece. continuei escrevendo não porque eu sentia que era muito bom, mas porque sentia que eles eram muito ruins, incluindo Shakespeare, todos eles. o formalismo engessado, como mastigar papelão. eu não me sentia muito bom quando tinha 16, 17, 18, eu entrava em bibliotecas e não havia nada para ler. eu procurava por todas as salas, todos os livros. então voltava para as ruas e via o primeiro rosto, os prédios, os automóveis, o que quer que estivesse sendo dito não tinha nada a ver com o que eu estava vendo diante dos meus olhos, era uma mímica, uma farsa. não ajudava. Hegel, Kant... algum fodido chamado André Gide... nomes, nomes e fingimentos. Keats, que saco de merda. nada ajudava. comecei a ver algo em Sherwood Anderson. ele quase chegou lá, era desajeitado e estúpido, *mas* te deixava preencher os espaços. imperdoável. Faulkner era tão falso quanto cera engordurada. Hemingway chegou perto cedo, então começou a gaguejar e a girar essa máquina enorme que ficava peidando na sua cara. Céline escreveu um livro imortal que me fez rir por dias e noites (*Viagem*), então caiu na reclamação mesquinha de dona de casa. Saroyan. Ele, como Hem, sabia da importância da raiz e da palavra limpa, a linha fácil e natural, mas Saroyan, conhecendo a linha, cara, ele mentia; ele dizia: LINDO, LINDO, e não era LINDO. Eu queria ouvir o que era, todos os medinhos de merda, as preocupações, a loucura; foda-se o grande gesto. eu não conseguia encontrar. eu bebia e fodia, ficava doido em bares, quebrava janelas, era espancado, vivia. eu não sei o quê. ainda estou trabalhando. ainda não acertei. provavelmente não vou acertar. eu até amo minha ignorância. amo minha barriga amarela e engordurada de ignorância. lambi minha maldita alma com a língua da máquina de escrever. quero uma vibração, alguns gritos entre os lustres tontos de vinho. eu quero. quer dizer, se pudermos *incluir* arte depois de ficarmos *interessados*, ótimo. Mas não vamos começar a pregar. tra la, tra la.

## SOBRE A ESCRITA

### [PARA STEVE RICHMOND]
### 24 DE DEZEMBRO DE 1972

[...] você fez certo ao me criticar, e muito disso provavelmente está certo, mas uma coisa que você vai aprender, finalmente, eu sinto, é que a criação não é fotografia, nem mesmo necessariamente a verdade padrão. a criação carrega sua própria verdade ou mentira, e só os anos podem dizer qual é qual. o que as pessoas não entendem é que, embora algo *pareça* ser sobre elas, não é necessariamente sobre elas, pode ser uma porção delas — daquele momento — e uma porção de todos os homens moldados em algo que precisa ser dito. eu li alguns poemas que *pareciam* ser sobre mim, me chamando de Bullshitski,* e outras coisas, mas precisei rir porque eu sabia que não era a visão completa.

acho que às vezes podemos nos tornar muito puritanos e, consequentemente, engaiolados.

acredito que você vai encontrar sua editora algum dia, e talvez, quanto mais tarde isso acontecer, melhor vai ser para você. enquanto isso, por favor não sinta que está sendo esfaqueado. qualquer coisa que eu tenha a dizer para você ou sobre você ou qualquer outra pessoa nunca vai ser segredo, será sempre abertamente.

você tem seu direito de se sentir para baixo às vezes, não te culpo. mas não foi fácil para mim, ainda não é. como digo, vamos TRABALHAR. você tem talento e honestidade demais, eu prefiro não ser seu inimigo, não me transforme em um.

---

* Trocadilho com o nome Bukowski e *bullshit*, ou merda, baboseira, em inglês. [N.T.]

# 1973

*Andre publicou a poesia de Bukowski em várias edições da* Unmuzzled Ox.
*Bukowski criticou Robert Creeley em um poema chamado "on Creeley"* [sobre
Creeley, em tradução livre] *publicado em uma pequena revista em 1971.*

[PARA MICHAEL ANDRE]
6 DE MARÇO DE 1973

[...] eu não odeio mais Creeley. ele trabalhou duro em um certo
tipo de forma de escrita que eu não entendo. mas colocou a
energia e a vida dele nisso. ele vai levar muitas pancadas. provavelmente já levou tantas que se tornou natural para ele ser mordaz
com isso. um homem precisa revidar alguma hora, ou os vermes
dominam. eu não quis ser um verme contra Creeley. e fui tacanho.
só fiz o meu sem um verdadeiro estudo dele. é só a pancada padrão
(automática) contra os alfas, ou gente nos holofotes. é tacanho e
eu devia ter pensado melhor. mas eu cresço lentamente, M. se eu
morrer com 80 anos provavelmente terei 14 anos. você consegue
entender alguma coisa do que estou tentando dizer? então ok.

## SOBRE A ESCRITA

[Para Robert Head e Darlene Fife]
23 de maio de 1973

Aqui vai outra submissão. Escutem, eu sei o que querem dizer, mas *Notas de um ser humano* é presunçoso demais. *Notas de um velho safado* tira a pressão e me permite dizer mais. Provavelmente, na história, mais mal foi causado por caras pensando que eram seres humanos do que por qualquer outro tipo. Quer dizer, vamos sair do sagrado e talvez com um pouco de sorte cheguemos no sagrado. Esforço ou dedicação não parecem servir.

Além disso, bem e mal, certo e errado seguem mudando; é uma tendência mais do que uma lei (moral). Eu preferiria ficar com as tendências. Acho que é o que muitos revolucionários não conseguem enxergar no meu trabalho: eu sou mais revolucionário do que eles. É só que ensinaram demais pra eles. O primeiro processo de aprendizagem ou criação é desfazer o que foi ensinado. Para fazer isso é bem mais fácil ser um velho safado do que um ser humano, certo? bem, e como vão vocês hoje?

[Para Darlene Fife]
[Junho?] de 1973

Sim, o problema de trabalhar para o gov. ou aceitar uma bolsa do gov... o problema de continuar vivo, de alguma forma, por um tempo. Eu ouvi os argumentos.

Eu não sou um verdadeiro revolucionário. Apenas escrevo palavras. Mas a ideia de substituir um gov. por outro gov. dificilmente me parece um grande ganho. Nós precisamos começar com o indivíduo. precisamos substituir o indivíduo que temos agora por um novo tipo, ou, se não pudermos fazer isso, precisamos remendá-lo um pouco de qualquer forma. e eu não tenho as respostas pra isso. mais palavras, provavelmente. palavras, palavras, palavras, palavras. a construção do fluxo.

em uma área todos nós falhamos feio. e relacionamento homem-mulher. eu vi mais má-fé, falta e inconsistência nessa área do que em qualquer outra. as pessoas só não são grandes o suficiente para se importarem de verdade, e se o macho e a fêmea não puderem encontrar um ao outro, então como poderão encontrar um governo?

ah, bem, os pássaros ainda estão cantando...

*William Henderson, fundador da Pushcart Press e editor assistente na Doubleday na época, não chegou a publicar a poesia de Bukowski.*

## [PARA WILLIAM HENDERSON]
### 2 DE JULHO DE 1973

Claro, é bom que você possa estar interessado em uma coletânea dos meus poemas. Contudo, eu tenho um desses contratos ativos com a Black Sparrow Press, et. al., "seus próximos 3 livros...". E John Martin solta livro após livro e tem sido bem justo e esplêndido comigo. Na verdade, meus poemas mais recentes acabaram de ser reunidos e vão sair no outono com o título *Queimar na água, se afogar no fogo*.

Ser publicado pela Doubleday, contudo, seria uma grande honra, e John disse que nunca ficaria no caminho se algo bom fosse acontecer para mim. Eu acredito nele. Ele é um tipo muito bom.

O que posso sugerir é uma edição de poemas selecionados. Quer dizer, podemos chamá-la de *Poemas escolhidos*, mas eu ainda posso dar um título? E entendo que se eu te mandar um manuscrito isso será apenas uma submissão e que é seu direito sagrado rejeitá-lo. Conheço um ou dois escritores que entenderam mal arranjos dessa natureza e se sentiram apagados e enganados porque não deu certo. Eu não sou assim. Pode ficar à vontade comigo.

Eu nunca tive um *Poemas escolhidos*, e gostaria de te mandar os meus melhores poemas. Pode ser um sucesso total. Mas também pode ser um enorme tédio. Você é o editor.

No entanto, Martin está de férias e não volta até dez de julho, por aí. Vou precisar pedir minha liberdade a ele quando ele voltar. Você já leu meu romance *Cartas na rua*? ah, ele não é do seu interesse? ah bem, eu entendo.

Estou vivendo na casa de uma jovem e às vezes há problemas aqui — ela diz que é amor, e eu digo que amor é problema; de qualquer forma, deixo meu endereço atual abaixo e também um no qual posso ser encontrado se de alguma forma o amor me fizer vagar e desaparecer. Muito bom ter notícias suas. sim, sim.

*Poeta e dramaturga, Rochelle Owens se correspondeu com Bukowski no início dos anos 1970 para discutir os poemas que os dois tinham publicado na* Unmuzzled Ox.

## [Para Rochelle Owens]
### 8 de setembro de 1973

Eu vi seu poema sobre mim e coisas na [*Unmuzzled*] Ox e está bem, sim, estou cansado da poesia há anos, séculos, mas continuei escrevendo porque os outros estavam fazendo isso tão mal — tranças de lavanda apoiadas na borda da lua — (merda teatral desse tipo), e eu ainda não penso muito sobre escrever, mas eles ainda escrevem tão mal, então eu sigo em frente, as palavras deveriam rasgar o papel um pouco, produzir sons, ser simplesmente limpas e ousadas e engraçadas e suicidas.

ah, isso é pregação, mas você sabe o que quero dizer.

agora eu prefiro enrolar o dia todo, eu só enrolo e o mundo rala lá fora e eu já ralei tanto, mas agora há paredes aqui e eu espero que a sorte dure para eu não precisar ir colher mais. acho que mereci minhas medalhas. acho que mereci minhas pernas e meus olhos e a fita da minha máquina de escrever. me deixa aproveitar um pouco.

vou sair agora pra comer um hambúrguer e fumar 3 ou 4 cigarros. alguém está batendo na escada com um martelo. tem babacas por toda parte. repare nisso da próxima vez que sair.

você escreve um poema saltitante bem bom.

sim, sim.

*Vários leitores do* Nola Express, *incluindo o poeta Clayton Eshleman, pediram aos editores Fife e Head que parassem de publicar os contos de Bukowski no* Nola Express.

[Para Darlene Fife]

8 de novembro de 1973

[...] Existem algumas pessoas que pensam que a revolução só deveria acontecer nas ruas, não nas Artes. Entenda que qualquer novo movimento para a frente nas Artes sempre (sem exceção) encontrou críticas, hostilidade e ódio. Exploração da sexualidade ou de qualquer área de manobra dos humanos escrita na forma de poema, conto ou romance não significa necessariamente que eu concorde com a ação dos personagens envolvidos. Ou, por outro lado, pode significar que eu concordo com a ação dos personagens envolvidos. Não faço ideia no momento da escrita.[*] Eu sou alguém que sente, não que pensa. Com frequência estou

---

[*] Embora Bukowski com frequência argumente que seus escritos são ficcionais, boa parte dos textos mais criticados são autobiográficos, como o romance *Mulheres*, de 1978. [N.T.]

## SOBRE A ESCRITA

errado, escrevo muita bosta, e a natureza de boa parte da minha obra é uma aposta. Mas tudo isso me permite o espaço para me mover com liberdade e para o alto. Não afirmo ter algum tipo de sacralidade especial, e já falei demais. Mas, se os leitores do *Nola* me querem fora, eu saio. Mas não vou ao psiquiatra contar dos meus pesadelos, vou às corridas de cavalo na próxima quarta à noite beber cerveja verde barata e apostar no cavalo número seis, ah, lalala lala lalala lalalala la.

# 1975

*Um conto de Bukowski ilustrado por Robert Crumb foi publicado em 1975 na*
Arcade, the Comics Revue, *coeditada por Bill Griffith.*

[PARA BILL GRIFFITH]
9 DE JUNHO DE 1975

Desculpe por ter demorado tanto para responder, mas eu estava em um rolo com essa mulher e minhas entranhas estão penduradas para fora, essa coisa toda. Estou tentando me colar de volta para me preparar para a próxima guerra. então, enquanto isso, a escrita empacou com tudo o mais, e eu simplesmente não tenho material sobrando. Meu problema é que eu não recebo de volta nenhuma rejeição. Merda, é horrível. Mas o Martin tem um enorme arquivo com coisas minhas, e ele pode tirar algo dali. Ele parece ter pilhas de coisas — como romances começados e não terminados, notas do hospício e do tanque de bêbados, por aí vai.

Crumb, sabemos, É KUADRINHOS. A forma como ele desenha as pessoas dele e a forma como elas andam pela página, tem toda essa energia e esse brilho maravilhosos. Eu o encontrei uma vez na casa da Liza Williams quando estava morando com ela, e ele

## SOBRE A ESCRITA

era uma das pessoas mais relaxadas que já conheci. Seria a mágica mais honrosa do mundo para mim que ele ilustrasse alguns dos meus personagens fodidos. Eu com certeza espero que algo dê certo. e me arrependo do meu estado atual de nojo e desmonte. Mas eu sobrevivi a outras mulheres que tentaram me pregar na cruz e provavelmente vou sair dessa também.

# 1978

[PARA JOHN MARTIN]
29 DE AGOSTO DE 1978

Acabei de ler suas cartas para a *Wormwood [Review]* e a *N[ew] Y[ork] Q[uarterly]* e para mim. Acho que você se enrolou demais por nada. E também tenho a sensação de que, algumas vezes, quando você me escreve, você me considera um tanto idiota.

Vamos esclarecer alguns pontos conforme passamos por eles na sua carta. "Os livros que publicamos aqui são realmente a parte importante do todo da cena, já que é deles que sua verdadeira renda está vindo."

Ponto: minha renda vinda de você é de 500 dólares por mês, o que totaliza 6.500 por ano. Com isso, eu pago pensão alimentícia, que não dá pra descontar do imposto. Como o grandão da sua editora, eu provavelmente estou no nível da pobreza e posso pedir cupons de comida, e isso há anos. Claro, você sabe que em anos anteriores eu vivi com menos, muito menos. E não reclamei disso porque sou doido o suficiente para só querer me sentar a uma máquina e escrever. Mas o que eu objeto é a você me dizendo quão bem Sparrow e Buk estão indo. Não é assim tão próspero e nunca foi, para *mim*. Falo aqui apenas de economia.

"Se eu não publicasse seus livros aqui primeiro, nunca haveria traduções alemãs ou francesas." Isso me lembra muito de uma afirmação que meu pai fez quando me recusei a ir para a Segunda Guerra Mundial. "Mas, meu filho, se não fosse pela guerra eu não teria conhecido sua mãe e você não teria nascido." Isso, me parece, não é um argumento pró-guerra muito bom. Sua afirmação não é necessariamente verdadeira. Parte do meu trabalho foi traduzida e saiu em publicações estrangeiras e nunca foi publicada pela Black Sparrow. E quem sabe? Alguém poderia ter sugerido uma tradução de livro? Essa é a importância de sair em revistas. Acho que a razão *principal* de o meu trabalho ter sido traduzido é que, até aqui, minha escrita tem sido forte o suficiente e interessante o suficiente para garantir isso.

Marvin Malone tem publicado edições especiais e coletâneas de escritores como parte regular da revista dele há anos. Ele fez isso várias vezes por mim no passado e isso nunca te incomodou antes.

E a referência a uma "coleira" no pescoço de Malone... meu deus, por favor. Você pede para que eu não me sinta livre demais para dar "grandes pedaços de trabalhos, conforme Malone". John, todos os escritores submetem seu trabalho a revistas quando escrevem, especialmente poetas; romancistas, às vezes; e contistas e escritores de artigos sempre. Não há nada de criminoso ou burro nesse processo. Eu envio trabalhos variados para a *Wormwood* e a NYQ porque são as duas melhores revistas de poesia que existem. Eu escrevo, 5, 6, 7, não, eu diria dez vezes a quantidade de poesia que o poeta médio escreve. Se eu dividisse todos os poemas em pequenos lotes de 4 ou 5 e os mandasse para toda revistinha de merda do país, não teria tempo de escrever, ficaria fechando envelopes dia e noite. Acho que você está ficando possessivo e desconfiado demais. Não tem tantas assombrações no arbusto — você tem milhares de poemas entre os quais escolher e eles ainda estão saltando para fora dessa máquina como loucos.

Então, na sua carta para Malone, você pede dez dos livrinhos para vender para seus clientes. Eu não acho que ele vá reagir muito bem a isso. É como se você estivesse procurando todas as pontas. Digamos que nos 75 (mais tipo 150) desenhos que eu faço para cada livro. Isso me toma um mês, um tempo no qual não posso fazer mais *nada* criativo. Você vende 75 desses livros (autografados) por 2.625 dólares, o que, se você subtrair do meu salário de 6.500, te deixa apenas 3.875 dólares para me pagar. Você tem trabalho forçado ralando pra você. E uma vez você me disse no telefone "Só pense, para cada desenho que você faz, você ganha 35 dólares". Foi quando eu pensei pela primeira vez: esse homem realmente acha que sou idiota.

"Me deixe publicar os livros."

Você vai publicar, John. Mas você muitas vezes é como uma vadia ciumenta.

Eu me lembro do plano de um livro de cartas Bukowski--Richmond. Você ficou doido com esse também. E Richmond mais doido ainda.

No que diz respeito a "o segredo é ser grande o suficiente para que o trabalho circule e seja lido por um número decente de pessoas e ainda continue pequeno o suficiente para que a Receita não apareça por aqui e me peça para contabilizar cada centavo desde 1971":

John, se fizerem isso, eu não tenho com que me preocupar. Eu me lembro de uma vez, quando seu escritório ainda era em L.A., de ter ido autografar uns livros, e você disse quando eu entrei: "Aí vem o grande homem, aí vem o grande escritor". Ok, eu tinha levado umas cervejas para o seu assistente. Então ficamos conversando e seu assistente te provocou um pouco e você virou para mim e disse "Olhe para esse assistente de 90 dólares a semana tentando bancar o sabichão comigo". Isso me soou bem, porque você estava me pagando entre 250 e 300 dólares por mês, não lembro exatamente. E ele nem era um assistente famoso.

Eu estou preso com você. Recebi propostas de editoras de Nova York. Recebi propostas de concorrentes. Fiquei com você. As pessoas me disseram que eu era idiota, muita gente disse isso. Mas não me incomodei. Eu tomei minha decisão pelos meus próprios motivos. Você esteve lá quando ninguém mais estava, você me ajudou a conseguir dinheiro com os arquivos. Você me comprou uma boa máquina de escrever. Ninguém estava batendo à minha porta. Eu tenho lealdade. Acho que vem do meu sangue alemão. Mas eu te peço para deixar minha mente limpa para escrever; tudo que eu quero é datilografar e beber meu vinho e fazer umas coisinhas. Cartas como essa são um desperdício de energia. Só me deixe escrever e enviar minhas merdas como qualquer outro escritor. Não seja muito mamãe ganso. Eu dei sorte com alguns bons poemas esse ano, muitos deles. E fico feliz por eles ainda estarem chegando e se espalhando por toda parte. *Mulheres* é meu melhor trabalho. Vai causar bastante ódio, muita reação, como qualquer obra de arte excelente e original sempre causou. Tudo bem. E nós devemos nos sair melhor na Europa com esse trabalho do que com qualquer outro. Mas eu quero continuar, quero escrever e seguir com meu ato. Só queria que você não me tratasse sempre como um completo idiota. *Eu sei o que está acontecendo*. É por isso que consigo escrever no papel.

Você é como todo o resto que conheço na minha vida pessoal. As pessoas têm uma tendência a querer me guiar por aí, a me puxar pelo nariz. De vez em quando, preciso dar uma mordida na mão delas. Meu velho gato preto, Butch, faz isso de vez em quando. Eu o entendo cada vez mais. Vamos torcer para que você me entenda. Falta muito para 80, se eu chegar lá, então vamos deixar a estrada limpa e sem merda no caminho. Quero ir ao seu funeral e poder derrubar uma lágrima e deixar um pequeno buquê de flores. Ok?

# 1979

[Para Carl Weissner]
15 de janeiro de 1979

Espero que você ainda não tenha começado a traduzir *Mulheres*. John Martin e eu estamos trabalhando nele — digo que ele inseriu muito da escrita *dele* no romance. Algumas páginas anexadas para ilustrar. Vou fazer uma cópia do script original e logo te mando. John diz que eu mandei 100 páginas de alterações para o script original. Quando eu receber isso dele, mando para você. Eu realmente acho que ele mudou minhas palavras demais, às vezes uma frase sim, outra não. Isso é desrespeito, ao meu ver. Não me importo com pequenas mudanças na gramática e arrumar verbos no passado e no presente, mas quando frases demais são ferradas isso atrapalha o fluxo natural da escrita. Minha escrita é entrecortada e áspera. Eu quero que ela *continue* assim. Não quero que seja *suavizada*. Além disso, grandes pedaços do romance foram eliminados. Quando você receber o manuscrito inteiro vai poder escolher o que quer que entre ou saia. Assim suas escolhas ficam menores; falo de como o romance está agora.

John se diz inocente e vai passar aqui e nós vamos revisar a coisa toda. Ele me disse que às vezes a pessoa datilografando se cansa e joga alguma coisa ali. Essa pessoa deve ter estado cansada o romance todo.

Enfim, os anexos são *pequenas* mudanças que não estavam no script original que tenho em mãos. Espero que você não tenha começado a traduzir. Eu perguntei a John: "Você teria feito isso com William Faulkner?". E ele certamente não teria feito isso com um professor universitário, e *não* teria feito com Creeley, nem mesmo uma vírgula. Acho que é o fato de eu ter vindo da classe baixa trabalhadora, da mendigolândia, que o faz pensar que eu não sei bem o que estou fazendo. Mas *instintivamente* eu sei, e ele deveria notar isso. Você consegue imaginá-lo retocando um Van Gogh? Bem, merda...

Linda Lee e eu mandamos amorosos alôs para você e Mikey e Waltraut.

P.S.: Eu me pergunto o que os francesinhos e os italianos vão achar? Parece que preciso mandar pra eles cópias do script original além das 100 páginas de mudanças. É um bom romance agora, mas acho que teria sido ótimo e um romance selvagem sem a escrita ruim enfiada e as outras partes deixadas de fora. Em vez de séculos para conseguir algo grandioso, eles estão só recebendo essa versão aguada e pisoteada...

## SOBRE A ESCRITA

*Romancista e roteirista americano de descendência italiana, John Fante foi uma das maiores influências literárias de Bukowski. Quando a Black Sparrow Press republicou* Pergunte ao pó, *de Fante, em 1980, Bukowski escreveu uma introdução sincera se lembrando da primeira vez que leu o livro quando jovem.*

### [PARA JOHN FANTE]
### 31 DE JANEIRO DE 1979

Obrigado pela boa carta. É um sentimento muito estranho e peculiar receber uma carta sua. Faz algumas décadas desde que li *Pergunte ao pó* pela primeira vez. Martin me mandou um exemplar do romance e estou recomeçando e segue tão bom quanto antes. Junto de *Crime e castigo* de Dos[toiévski] e *Viagem* de Céline, é meu romance favorito. Me perdoe por não te responder antes, mas nesse momento estou envolvido em muitas coisas: escrever roteiro, corrigir o roteiro de alguém, um conto e também beber e apostar nos cavalos e brigar com a minha namorada e visitar a minha filha e então me sentir mal e então me sentir bem e todo o resto. Então perdi sua carta, e eu estava tão orgulhoso dela, e noite passada encontrei, eu vinha usando o verso do envelope para fazer sugestões de correção no roteiro desse cara (uma adaptação do meu primeiro romance, *Cartas na rua*). Então aqui está chovendo e eu estou te escrevendo rápido porque quero ir ao banco descontar esse cheque para ir às corridas amanhã.

Sua escrita ajudou a minha vida, me deu esperança real de que um homem pudesse só anotar as palavras e deixar as emoções fluírem. Ninguém fez isso tão bem quanto você. Vou ler o livro devagar, aproveitá-lo mais uma vez e torcer para conseguir escrever um prefácio razoável. [H. L.] Mencken tem um bom olho, entre outras coisas, e acho que é hora de um talento como o seu emergir de novo, mesmo que a Black Sparrow não seja Nova York, ela tem algum prestígio e bang bang e tais livros estão mais aptos a durar e a ser lidos por outras pessoas do que pelo público geral que só engole qualquer coisa que Nova York der na boca deles.

Bom ouvir de você, Fante, você é o número um para sempre. Desculpe minha datilografia. Depois que eu terminar o livro e fizer o prefácio, envio para você dar ok, tomara. Lembranças a sua mulher e seu filho. O céu está molhado hoje e amanhã a pista estará enlameada, mas vou estar pensando em você e na sorte que terei de poder dizer às pessoas por que *Pergunte ao pó* é tão bom. Obrigado, sim, sim, sim...

[PARA CARL WEISSNER]
6 DE FEVEREIRO DE 1979

[...] sobre *Mulheres,* as 100 páginas de correções se perderam em algum lugar. Parte delas evidentemente entrou... por exemplo, no final eu dei ao gato pelo preto e olhos amarelos... Enfim, é uma zona e eu acho que John Martin só ficou meio doido. Acho que foi uma coisa muito vergonhosa de se fazer — trabalhar na "escrita" dele, quero dizer. Acho que todos nós ficamos loucos de vez em quando. Enfim, a 2ª reimpressão vai ser melhor. Acho que quando as pessoas compararem as 2 versões elas não vão saber a história verdadeira. Elas estarão mais aptas a pensar que eu fiquei senil e outra pessoa foi em frente e fez as mudanças por mim. É bem duro de engolir porque eu não ligo de ser criticado por minha própria escrita, mas pela de outra pessoa não é bom. De qualquer jeito, vou ter que ficar mais atento a John em trabalhos futuros. Duvido que ele vá me foder de novo. Às vezes, fico bem revoltado com alguns atos e métodos de Martin. Queria que você fosse meu maldito editor, mas graças aos deuses pelo menos tenho você como tradutor, agente e amigo. (ah, sim, John realmente disse "Às vezes, a pessoa que datilografa fica entediada e joga algo". Me pergunto se Faulkner e J. Joyce foram incomodados com isso?) [...]

Estou no roteiro do filme [*Barfly*] com Barbet [Schroeder], 30 páginas, por aí; mas estou surpreso — ele quer uma *trama* e desenvolvimento de personagem. Merda, meus personagens quase nunca evoluem, eles são fodidos demais. Nem sabem datilografar. Eu gosto de deixar a coisa livre e às vezes não há nada a ser explicado sobre eles, eles são apenas arestas ou algo assim. Eu não me importaria com algumas dicas de como filmes devem ser, mas quando alguém começa a puxar as cordinhas das minhas marionetes, elas muitas vezes se esquecem de dançar, esquecem como fazer qualquer coisa. ah bem, ah bem.

[PARA JOHN FANTE]
2 DE DEZEMBRO DE 1979

Foi bom ouvir o final do seu romance pelo telefone; foi mais Fante de novo, coisa de ponta, como sempre. Me animou pra cacete saber que você ainda estava fazendo isso. Você foi meu primeiro estímulo pra começar e ainda está me acertando de novo depois de todos esses anos.

Eu estive em um período impotente e não tive muitos desses. Não quero dizer que minha escrita sempre foi excepcional, o que quero dizer é que ela sempre veio. Ela parou ultimamente. Bem, escrevi alguns poemas outra noite, mas não parece a mesma coisa. Eu me peguei estourando com Linda e até chutei o gato outra noite. Não gosto de agir como uma pequena prima d., mas parece que se a coisa não sai eu fico envenenado, esqueço como rir, me pego não escutando mais minha música sinfônica no rádio e, quando olho no espelho, vejo um homem muito cruel ali, olhinhos pequenos, rosto amarelado — estou amassado, inútil, um figo seco. Quero dizer, quando a escrita se vai, o que fica, o que sobra? Rotina. Movimentos rotineiros. Pensamentos de polichinelo. Não suporto a dança velha.

Ter notícias suas, Joyce lendo para mim o final do seu romance, escutar o sotaque de Fante de coragem e paixão me ergueu da minha morte. O vinho está aberto e o rádio está ligado e eu vou colocar algumas folhas nessa máquina e a coisa vai sair de novo, por sua causa. Vai sair por causa de Céline e Dos e Hamsun, mas principalmente por sua causa. Não sei de onde você tirou isso, mas os deuses certamente te encheram com a coisa. Você significou, ainda significa, mais para mim do que qualquer homem vivo ou morto. Eu precisava te dizer isso. Agora estou começando a sorrir um pouco. Obrigado, Arturo [Bandini].

# 1980

[Para John Martin]
[Junho?] de 1980

[...] Henry Miller. Não senti muito quando ele se foi porque eu já estava esperando. O que eu gostei foi que quando ele estava indo, ele foi pintar, e o que eu vi das coisas dele é muito bom, cores quentes e fortes. Não há muitas vidas como a dele. Em sua escrita ele fazia a coisa, assim, quando ninguém mais estava indo, fazendo. Ele quebrou a noz dura e preta. Eu sempre tive problemas em lê-lo porque ele disparava nessa contemplação Star Trek esperma-gozo tagarela, mas isso tornava as partes boas melhores quando você finalmente chegava nelas, mas, francamente, eu normalmente desistia na maior parte das vezes. Lawrence era diferente, era sólido até o fim, mas Miller era mais moderno, menos artístico, até chegar na tagarelice Star Trek. Acho que um problema que Miller causou (e não é culpa dele) foi que quando ele se virava e vendia suas coisas (no início) ele fazia os outros pensarem que é assim que se faz, então agora nós temos esses batalhões de semiescritores batendo em portas e se virando e proclamando seu gênio porque não foram "descobertos", e o fato da não descoberta em si os torna certos de seus gênios porque "o mundo não está pronto pra eles ainda".

Para a maior parte deles o mundo nunca vai estar pronto; eles não sabem escrever, simplesmente não foram tocados pela graça da palavra ou da forma. Não os que conheci ou li. Espero que existam outros. Precisamos deles. Está muito improdutivo por aí. Mas mesmo entre esses que aparecem aí com suas guitarras, descobri que os menos talentosos gritam mais alto, são os mais abusivos e mais seguros de si mesmos. Eles dormiram nos meus sofás e vomitaram nos meus tapetes e beberam minhas bebidas e me falaram, continuamente, de sua grandeza. Eu não publico canções nem poemas nem romances e/ou contos. O campo de batalha tem um endereço; implorar aos amigos ou namoradas ou outros é masturbação contra o céu. Sim, estou bebendo muito vinho hoje e acho que estou tonto com os visitantes. Escritores, por favor, me salve dos escritores; a conversa das putas na rua Alvarado era muito mais interessante e mais original. [...]

Henry Miller. Uma bela alma. Gostava de Céline como eu gosto de Céline. Como eu disse a Neeli Cherry, "o segredo está na linha". E quero dizer uma linha de cada vez. Linhas que contêm fábricas e um sapato virado ao lado de uma lata de cerveja em um quarto de hotel. Tudo está aqui, brilha de um lado para o outro. Eles não vão nos vencer, nem os nossos túmulos. A piada é nossa; nós passamos com estilo; não há nada que possam fazer conosco.

## SOBRE A ESCRITA

*Mike Golden era o editor da* Smoke Signals, *na qual a prosa, a poesia e a correspondência de Bukowski saíram em várias edições ao longo dos anos 1980. O editor da* Vagabond *John Bennett teve a ideia de reunir uma edição de "rejeitados", mas nunca chegou a publicá-la.*

### [PARA MIKE GOLDEN]
### 4 DE NOVEMBRO DE 1980

Eu sei de outro editor que ia lançar uma edição de "rejeitados", publicando o material rejeitado e comentários de escritores sobre ele. Não mandei nada pra ele, dizendo que eu achava que minhas coisas rejeitadas deviam ter sido rejeitadas.

A edição nunca saiu. Acho que quando o ed recebeu o material rejeitado e as reclamações dos escritores se espalharam ele notou que tinha uma pequena casa de horrores incestuosos.

Claro, existe muito material ruim publicado em revistas de grande e pequena circulação e em livros. Editores ruins vão continuar a editar e escritores ruins vão continuar a escrever. Boa parte das publicações é feita por politicagem, amizades e estupidez natural. A pouca boa escrita que sai é em boa parte acidental, ou uma raridade matemática: quando um bom escritor topa com um bom editor.

Encorajar escritores ruins a continuar escrevendo apesar da rejeição não importa: eles vão continuar de qualquer jeito. As pequenas revistas publicam cerca de 15% do material, que é boa escrita; as maiores, talvez 20.

Coisas tristes acontecem no campo da pequena revista. Eu conheci um escritor que escrevia coisas bem vivas para as pequenas. Ele foi publicado aqui e ali, ali e aqui. Tinha 2 ou 3 livretos publicados por editores pequenos, digamos edições de 200. Esse escritor tinha um emprego terrível e chegava em casa toda noite, com as entranhas pisoteadas e penduradas pra fora, e escrevia. Um livreto ou 2 a mais, muitas aparições nas pequenas — toda vez que você abria uma revista, lá estava o nome dele. Decidiu que era escritor, veio para o oeste com a mulher e os filhos, a mulher arranjou um emprego e ele ficava sentado à máquina socando-a. A estante dele era cheia de revistinhas e livretos e ele fazia leituras de poesia com públicos de 9 ou 11, onde passavam o chapéu. A poesia dele gradualmente amoleceu, mas sua estante estava atrás dele. Claro que ele não podia pagar a conta de eletricidade, mas como era um gênio havia a esposa para fazer isso, pagar essa conta e todas as outras e o aluguel, e por aí vai. Espero que ele esteja trabalhando de novo. Talvez seja hora de a esposa dele se sentar à máquina. Esse é um caso, mas acredito que pode ser multiplicado por 50 ou 1.000.

Fico confuso com o que é real e o que não é. Eu me lembro de que quando tinha meus vinte e poucos, vivendo com uma barra de chocolate por dia para ter tempo de escrever, eu escrevia 5 ou 6 contos por semana, e todos voltavam. Mas, quando eu lia a *New Yorker*, a *Harper's*, a *Atlantic*, eu não conseguia detectar nada ali além de literatura do século 19, cautelosa e artificial, elaborada de forma tediosa, centímetro por centímetro de tédio se arrastando pelas páginas, escritores de nome, falsificadores, me entediando até a imbecilidade. Eu tinha uma ideia de que eu era um escritor bastante bom, mas não havia como saber, eu não sabia ortografia e minha gramática era uma bosta (ainda é), mas eu sentia que estava fazendo algo melhor do que eles: estava passando fome com excelência.

Não ser aceito não significa necessariamente que você é um gênio. Talvez você só escreva mal. Sei de alguns que publicam seus próprios livros que apontam para os 2 ou 3 exemplos de grandes escritores do passado que também fizeram isso. Ai. Eles também apontam para caras que não foram reconhecidos em vida (Van Gogh e cia.), e isso significa, é claro, que... Ai.

As rejeições das grandes revistas normalmente são impressas e, portanto, sem alma. Mas recebi algumas coisas de editores de pequenas revistas que se achavam deuses. De uma eu me lembro: "Mas que porra é essa merda?". Sem assinatura, só um grande rabisco de tinta na página. Muito mais do que uma vez, coisas dessa natureza. Como eu sei que não vem de algum moleque de 17 anos com acne, vidrado em Yeats, usando o mimeógrafo velho do pai na garagem? Eu sei: leia a revista. Quem quer? Quando você está escrevendo 30 poemas por mês não há tempo para escrever. Se houver tempo, e algum dinheiro, você bebe.

Escritores muito bem-sucedidos são como presidentes: têm voto porque a multidão reconhece algo de si neles.

É confuso, Mike, não sei o que te dizer. Estou me preparando para sair e apostar nos cavalos.

# 1981

[PARA CARL WEISSNER]
23 DE FEVEREIRO DE 1981

[...] Eu devo voltar para o conto depois que terminar *Misto [-quente]*. *Misto* tem sido mais difícil e lento que outros romances porque onde eu não tive que tomar cuidado com os outros romances, preciso tomar cuidado nesse. Aquela infância, a coisa de crescer foi dolorosa para quase todos nós, e existe uma tendência a fazer disso grande coisa. Eu li muito pouca literatura sobre esse estágio da vida que não me deixasse um pouco enjoado porque continha muito preciosismo. Estou tentando dar sorte e acertar o equilíbrio, tipo, talvez o horror da falta de esperança possa criar algumas risadas de fundo, mesmo que saia da garganta do diabo. [...]

Lendo as cartas de Hemingway. Coisa horrível. Pelo menos nas primeiras cartas. Ele é um belo de um político. Conhecendo e jogando com os poderosos. Bem, talvez tudo bem? Não havia tantos escritores naquela época. Ou revistas. Ou livros. Ou coisas. Agora existem centenas de milhares de escritores e milhares de revistas literárias e muitas editoras e muitos críticos, mas, principalmente, centenas de milhares de escritores. Digamos que você chame um encanador hoje em dia. Ele vai vir com sua chave inglesa em uma das mãos, seu desentupidor na outra e um livreto com seus madrigais escolhidos em um dos bolsos da bunda. Ou mesmo se você vir um canguru no zoológico, ele vai te dar uma olhada e então puxar uma pilha de poemas da bolsa, datilografados, espaçamento simples em papel à prova d'água 21 centímetros e meio por vinte e sete.

*A peça discutida a seguir, chamada* Bukowski, We Love You [Bukowski, nós te amamos, em tradução livre], *estreou em Roma em 1981. Galiano produziu* Storie di ordinaria folia [Fabulário geral do delírio cotidiano, em tradução livre], *dirigida por Marco Ferreri em 1981.*

[PARA JOHN MARTIN]
24 DE FEVEREIRO DE 1981

Você provavelmente recebeu algo de Silvia Bizio a respeito de querer os direitos de cerca de metade dos livros de Bukowski pela Black Sparrow em seu arsenal e para transformá-los em uma maldita peça. Eles não ofereceram $$$ e diziam ser uma pequena produtora sem fins lucrativos, mas na verdade vão apresentar essa coisa durante dois anos em várias cidades diferentes. Espero que você não tenha dado o ok, mas se deu... bem, eles não foram claros quanto ao resto do roubo que são os muitos contos pela City Lights.

Bizio tem me infernizado constantemente para dar esses direitos. Dei uma entrevista para ela e também a deixei fazer um negócio em vídeo comigo cuspindo vários nadas. Mas pessoalmente peguei um desgosto dela como pessoa e do jeito dela. Ela evidentemente é fachada para esses trambiqueiros e eu disse a ela que não queria ter nada a ver com toda essa cena.

"Mas eles estão preparando isso há dois anos!"

"Eles te amam!"

"Eles querem pagar sua passagem para encontrar com eles e assistir à peça."

Eu disse a ela, "Eles têm colhões! Por que não tentaram conseguir permissão antes de começar?".

Eu não gosto dos italianos, são gatunos, todo o jeito deles de fazer as coisas me enoja. Como eles podem simplesmente roubar meu trabalho e colocá-lo no palco sem pedir? [Sergio] Galiano está tentando fazer um *filme* com as mesmas histórias. Se *ele* pagar, como eles ficam?

E ainda tem outro problema, Galiano. Deveria pagar 44.000 dólares, mandou 4.000 e diz que o resto do dinheiro foi enviado mais de um mês atrás. Nada além de mentira. E ele está lá na *Geórgia* com Ben Gazzara, rodando os filmes agora. Os italianos... Hitler também não confiava neles e eu consigo entender por quê, eles espreitam, mentem e enganam.

Tenho certeza de que a mesma coisa aconteceu com outros escritores. Um escritor só é visto como um cara que coloca palavras no papel. Uma presa fácil. Só está pensando na próxima linha e não quer ser incomodado com coisas externas que não cabem em seu estado de humor. O que é verdade, mas ele também não gosta de ser estuprado.

Os babacas também sabem o preço de processar e que podem fugir e se esconder em alguma vila italiana mostrando o dedo do meio pra gente.

Ah, bem, John, alguns poemas anexos.

# 1982

[PARA JOHN MARTIN]
3 DE JANEIRO DE 1982

Bem, passamos por toda a bosta falsa deles de novo e enquanto eles se saem com sua normalidade chata nós podemos nos dedicar.

Escrever nunca foi trabalho para mim, e mesmo quando sai ruim eu gosto da ação, do som da máquina, um jeito de ir. E mesmo quando eu escrevo mal e volta, olho para o que fiz e não me importo muito: tenho chance de melhorar. Existe a questão de ficar com a coisa, datilografando, parece ficar se grudando; os erros e a boa sorte até soar e ler e sentir melhor. Não que seja importante ou não importante. Só tec tec tec. Claro, na datilografia é bom que algo apareça que seja interessante de dizer, e tais coisas não chegam todo dia. Você precisa esperar alguns dias às vezes. E precisa saber que os meninos grandes que fazem isso há séculos realmente não fizeram muito bem, embora você tenha copiado deles, não pudesse ter começado em nenhum início sem eles, ainda não há nada para se dever. Então, bate, bate, bate...

Bem, espero que você e eu fiquemos juntos mais um tempo. Tem sido uma jornada mágica e você fez seu negócio e eu fiz o meu, e houve muito pouco problema entre nós. Acho que nós dois somos da velha guarda, na qual as coisas são feitas de uma certa forma e continuamos a fazê-las dessa forma; o que quer dizer que misturamos o melhor da modernidade com o melhor do passado — os 1930 e os 1940, e talvez uma espiada nos 1920. Acho que o principal que os novos não têm é o grande e eterno estilo, um método de abordagem, um método de lutar contra a dor e o sucesso. Nós somos muito bons, John. Vamos ficar por aqui. O round onze está chegando e acho que o fodido do outro corner está ficando cansado.

[PARA CARL WEISSNER]
13 DE FEVEREIRO DE 1982

[...] Meu crítico no N. Y. *Times* provavelmente é um sujeito legal o suficiente, conhece a língua, é culto e por aí vai. Não acho que ele já tenha ficado sem uma refeição, no entanto, ou quebrado a perna ou tido uma puta mijando nele, nem sequer dormido em um banco de praça, coisas assim. Não que essas coisas sejam necessárias, elas acontecem, mas quando acontecem você costuma passar a pensar um pouco diferente. Eu mesmo gosto de *Dangling* [Pendurado, em tradução livre]. Acho que estou gostando mais da PALAVRA depois de todos esses anos sem perder muito da loucura. *Misto-quente* eu prefiro. Martin diz que é a melhor coisa que já escrevi. "Tem as bolas e a garra dos mestres russos do século 19." Bem, isso seria bom. Eu gostava muito desses meninos. Eles conseguiam nadar pela agonia, meio rindo pelo canto da boca.

*Poeta e editor em uma pequena editora, Stevenson publicou vários poemas e cartas de Bukowski em suas pequenas revistas.*

## [PARA JACK STEVENSON]
## MARÇO DE 1982

[...] A maioria deles começa do mesmo jeito. Os Poetas, quero dizer. Começam razoavelmente bem. São isolados e chegam nas palavras porque estão mais ou menos assustados, são inocentes, veja bem. Tem um cheiro neles no início. Então eles começam a se dar bem. Fazem mais e mais leituras, conhecem outros de sua estirpe. Falam uns com os outros. Começam a sentir que têm cérebro. Fazem afirmações sobre o governo, a alma, homossexualidade, jardinagem orgânica... por aí vai... Entendem de tudo, exceto encanamento, e deviam entender disso, porque enchem tudo de merda. É muito desanimador vê-los evoluir. Viagens à Índia, exercícios de respiração — eles melhoram os pulmões para falar mais. Logo são *professores*, estão em pé diante de outras pessoas contando a elas *como fazer*. Não só como *escrever*, mas como fazer *todas as coisas*. São sugados para todas as armadilhas que existem. Essas almas, antes relativamente originais, quase sempre se tornam a coisa ou as coisas contra as quais estão lutando para começar. E você precisa vê-los lendo: eles AMAM isso, o público, as universitariazinhas, os menininhos, todo aquele convento de idiotas que vai a leituras de poesia — pessoas de sorvete com cu de geleia e cérebro de macarrão chinês (mole). Como eles amam ler, esses poetas. Como amam deixar suas vozes flutuando. "Agora", eles dizem, "só vou ler mais 3 poemas!" Tipo, quer dizer, que raios, quem se importa? E, claro, os 3 poemas são dos longos. E não estou generalizando: um é igualzinho ao outro nesse sentido. Existem diferenças menores: alguns são negros, alguns são homo. Alguns são negros e homo. Mas são todos chatos. E eu sou nazista. Claro. Me proíba.

Minha ideia de escritor é alguém que escreve. Que se senta a uma máquina de escrever e derrama palavras. Isso parece ser a essência. Não ensinar aos outros como fazer isso, não participar de seminários, não ler para a multidão faminta. Por que eles são tão extrovertidos? Se eu quisesse ser ator teria tentado as câmeras de Hollywood. Da meia centena de escritores que conheci, de um jeito ou de outro, apenas dois me pareceram minimamente humanos. Um eu encontrei umas 3 ou 4 vezes — ele é cego e tem as duas pernas amputadas, 72 anos, continua a escrever, e bem, ditando para sua maravilhosa esposa de seu leito de morte. O outro é um doido e um autodidata que datilografa suas coisas em Mannheim, Alemanha.

Caso contrário, a última pessoa com quem quero beber ou que quero escutar é um escritor. Encontrei mais vida real em velhos jornaleiros, faxineiros, no menino esperando na janela da taqueria de madrugada. Me parece que escrever atrai os piores, não os melhores, me parece que as gráficas do mundo estão só eternamente espremendo a polpa de almas insuficientes que os críticos insuficientes chamam de literatura, poesia, prosa. É inútil, exceto por talvez aquela única fagulha brilhante, de vez em quando, que raramente dura, que sabe como.

Chegando na minha 2ª garrafa de vinho e olhando de volta para essa carta, devo notar que, se um dia ela for vista, alguma referência será feita ao fato de que Bukowski mencionou negros e homossexuais como se tivesse antipatia por eles. Portanto, deixe--me mencionar: mulheres, mexicanos, lésbicas, judeus.

Deixe-me afirmar que minha antipatia é pela humanidade e, especialmente, o escritor criativo. Essa não é apenas a época do apocalipse do hidrogênio, é também a idade do Medo, Imenso Medo.

# SOBRE A ESCRITA

Também não gosto dos branquelos. E eu sou branquelo.

De que eu gosto? Eu gosto dessa 2ª garrafa de vinho. Preciso limpar o dia. Perdi dez dólares nas corridas hoje. Que coisa inútil. Meio como bater punheta em uma pilha de bolinhos quentes.

Sempre admirei bastante os chineses. Imagino que seja porque a maior parte deles está tão longe.

*O conto "The Hog"* [O porco, em tradução livre] *segue inédito.*

## [PARA CARL WEISSNER]
### 29 DE MAIO DE 1982

Foi difícil me sentar para escrever *Misto-quente*, me sentar para escrever a primeira palavra. Depois disso, ficou mais fácil. Acho que eu tinha o distanciamento para conseguir. Pensei nele por mais ou menos um mês antes de começar. Afinal, quem quer ler sobre coisas da infância? Traz o pior tipo de escrita.

Espero ter passado o senso de ridículo e algum humor.

Meus pais eram estranhos. Ah, sim. Não está no livro, mas uma vez, quando vim da rua pesando 63 quilos, eles me cobraram quarto, comida e lavanderia. Talvez eu tenha colocado isso em *Factótum*. Não lembro.

Voltei a brincar com o poema agora. Embora a *Hustler* tenha recentemente me pedido um conto, então me sentei e datilografei pra eles uma coisinha chamada "The Hog". Gostei da rejeição deles: "... o assunto é pesado demais para publicarmos. Especificamente, é a bestialidade e também seu resultado violento que sentimos que não podemos aceitar".

Então mandei pra *Playboy* alemã. Deve fazê-los cagar um *Wiener Schnitzel* cru, mas espero receber uma resposta.

# 1983

*Loss Pequeño Glazier publicou a poesia de Bukowski em três edições da* Oro Madre *nos anos 1980; também editou* All's Normal Here: A Charles Bukowski Primer [Tudo normal por aqui: uma introdução a Charles Bukowski, *em tradução livre*] *em 1985, com poemas e cartas de Bukowski, além de contribuições críticas de Malone, Potts, Packard e outros pequenos editores que foram defensores do trabalho do escritor.*

[PARA LOSS PEQUEÑO GLAZIER]
16 DE FEVEREIRO DE 1983

Não sei exatamente como isso funciona. O que quero dizer é, eu não escrevo muito melhor agora do que décadas atrás, quando estava morrendo de fome naqueles quartinhos e bancos de praça e cortiços e enquanto estava sendo quase assassinado naquelas fábricas e no correio. A durabilidade tem algo a ver com isso: eu sobrevivi a muitos dos editores que me rejeitaram e a algumas das mulheres também. Se há alguma diferença na minha escrita agora é que me sinto mais entretido enquanto escrevo. Mas as coisas acontecem muito rápido — em um momento você é um mendigo bebum brigando com mulheres bêbadas e drogadas e doidas em um apartamento pobre, então parece que, no momento seguinte, você está na Europa e entrou em um salão e tem 2.000 pessoas loucas esperando você ler alguns poemas. E você tem 60 anos de idade...

Agora estou chegando aos 63 e não preciso fazer leituras para pagar pelo vinho e pelo aluguel. Se eu quisesse ser ator, teria sido um. Posar na frente de uma multidão não é o que me move. Eu recebo minhas ofertas. Recentemente, ouvi de um cara legal que também me escreveu ano passado: "...algumas das pessoas que já aceitaram são John Updike, Czeslaw Milosz, Stephen Spender, Edmund White, Jonathan Miller, Dick Cavett e Wendell Berry. Então, veja, você estaria em boa companhia...".

Eu disse não. Embora o "honorário" fosse bom.

Por que essas pessoas precisam fazer isso?

Bem, enfim, o que estou tentando dizer é que, para mim, ter dinheiro suficiente no momento me permite viver nessa cidadezinha, San Pedro, onde as pessoas são bem normais, fáceis, chatas e boas, e seria difícil encontrar um escritor, pintor ou ator por aí. É onde posso viver com meus 3 gatos e beber quase toda noite e datilografar até 2 ou 3 da manhã. E no dia seguinte tem as corridas de cavalo. É tudo de que preciso. E problemas sempre vão te (me) achar. Ainda tenho bons e infelizes momentos com a fêmea. Mas gosto do arranjo. Fico feliz por não ser Norman Mailer ou Capote ou Vidal ou Ginsberg lendo com a *Clash*, e fico feliz por não ser a *Clash*.

O que estou tentando dizer é que, quando a Sorte vem na sua direção, você não pode deixar ela te Engolir. Ficar famoso quando se tem vinte e poucos anos é uma coisa difícil de superar. Quando você fica meio famoso quando tem mais de 60, é mais fácil fazer ajustes. O velho Ez Pound dizia "faça seu *trabalho*". E eu sei exatamente o que ele queria dizer. Embora para mim escrever nunca seja trabalho, não mais do que beber. E, claro, estou bebendo agora, então, se isso acabar um pouco confuso, bem, é meu *estilo*.

Não sei, sabe. Pegue alguns poetas. Alguns começam muito bem. Tem uma luz, uma chama, uma aposta na forma deles de soltar as coisas. Um bom primeiro ou segundo livro, então eles parecem se *dissolver*. Você olha em volta e eles estão dando aula de ESCRITA CRIATIVA em alguma universidade. Agora eles pensam que sabem ESCREVER e vão dizer aos outros como fazer. É uma doença: eles se aceitaram. É inacreditável que possam fazer isso. É como aparecer um cara tentando me dizer como foder porque ele acha que fode bem.

Se existem bons escritores, não acho que circulem por aí, andem por aí, falem por aí, aos montes, pensando "eu sou um escritor". Eles vivem porque não há o que fazer. Acumula: os horrores e os não horrores e as conversas, os pneus furados e os pesadelos, os gritos, as risadas e as mortes e os longos espaços de zero e tudo isso, tudo começa a se somar e então eles veem a máquina de escrever e se sentam e a coisa sai, não há planejamento, só acontece: se eles ainda tiverem sorte.

Não existem regras. Não consigo mais ler outros escritores. Sou um solitário. Mas pego emprestado de outros em meus espaços de nada. Gosto de um bom jogo profissional de futebol americano ou uma luta de boxe ou uma corrida de cavalos na qual todos os competidores são quase iguais. Essas combinações quase sempre trazem o milagre da coragem e me faz sentir bem ver coisas assim, me dá um pouco de ousadia.

Para sobreviver a esse jogo, beber ajuda bastante, embora eu não recomende para muitos. A maior parte dos bêbados que conheço não são muito interessantes. Claro, a maior parte das pessoas sóbrias também não.

## SOBRE A ESCRITA

Sobre drogas, eu as usei, é claro, mas larguei. Erva destrói a motivação e sempre te deixa atrasado sem ter aonde ir. Eu consigo entender as drogas mais pesadas, com exceção do pó, que te leva para lugar nenhum e nem te avisa que você chegou lá. O que quero dizer por "entender" as drogas mais pesadas é que consigo entender os que podem escolher esse caminho: a viagem rápida e brilhante e cair fora. Meio como um suicídio que entretém, sabe? Mas eu sou um cachaceiro, você dura mais, consegue datilografar mais... conhecer mais mulheres, ir parar em mais cadeias...

Sobre outras coisas: é, recebo cartas de fãs, não muitas, 7 ou 8 por semana, feliz por não ser Burt Reynolds, e não consigo responder todas, mas às vezes respondo, especialmente se essas cartas vierem de um hospício ou prisão, ou tipo uma vez que recebi a carta de uma cafetina de uma casa de prostituição e suas meninas. Não consigo não gostar de saber que pessoas assim leram meu trabalho. Eu me permito me sentir bem por isso por um momento. Recebo muitas cartas de pessoas que dizem mais ou menos a mesma coisa: "Se *você* conseguiu, talvez haja chance pra mim". Em outras palavras, eles sabem que me fodi bastante, mas ainda estou aqui. Não me importo que falem assim desde que não venham bater à minha porta, entrar em casa e tagarelar sobre seus problemas com um engradado de cerveja. Não estou aqui para salvar o Povo, estou aqui para salvar minha própria pele covarde. E datilografar palavras enquanto bebo parece me manter no caminho, ok?

Não estou tão isolado assim. Tive minhas muletas: F. Dos, Turguêniev, algum Céline, algum Hamsun, boa parte do John Fante, bastante Sherwood Anderson, Hemingway muito jovem, toda a Carson McCullers, os poemas mais longos de Jeffers; Nietzsche e Schopenhauer; o estilo de Saroyan, sem o conteúdo; Mozart, Mahler, Bach, Wagner, Eric Coates; Mondrian; e. e.

cummings e as putas do leste de Hollywood; Jack Nicholson, Jackie Gleason; Charlie Chaplin, no início; Baron Manfred von Richthofen; Leslie Howard; Bette Davis; Max Schmeling; Hitler... D. H. Lawrence, A. Huxley e o velho barman com o rosto vermelho em Philly... E tinha uma atriz em particular cujo nome não consigo lembrar, que eu considero ser, ter sido a mulher mais bonita do nosso tempo. Bebeu até morrer...

Eu fico romântico, claro. Conheci essa garota uma vez, era bem bonita. Era namorada de E. Pound. Ele a menciona em algumas estrofes dos *Cantos*. Bem, ela foi ver Jeffers certa vez. Bateu à porta dele. Talvez quisesse ser a única mulher da terra a ter trepado com Pound e Jeffers. Bem, Jeffers não abriu a porta. Uma mulher velha abriu. Uma tia, a governanta, algo assim, não se apresentou. Essa garota linda disse à mulher velha: "Quero ver o mestre". "Espere um momento", disse a mais velha. Algum tempo se passou e então a mais velha veio, saiu e disse: "Jeffers disse que construiu a própria base, vá construir a sua...". Gosto dessa história porque eu estava tendo muito problema com mulheres lindas na época. Mas agora fico pensando, talvez a mulher velha nunca tenha falado com Jeffers, tenha só ficado ali por perto, daí voltou e jogou essa conversa na beldade. Bem, eu também não entendi e ainda não construí minha rocha, embora às vezes ela esteja lá quando nada mais está.

O que estou tentando dizer aqui é que ninguém nunca fica famoso ou bom, isso é passado. Talvez você possa se tornar famoso e bom depois que morrer, mas enquanto está vivo, se alguma coisa conta, você pode mostrar um pouco de mágica no furação, deve ser hoje ou amanhã, o que você *já* fez não conta merda nenhuma em um saco cheio de pintos de coelho cortados. Isso não é uma regra, é um fato. E é um fato quando recebo perguntas pelo correio, não consigo respondê-las. Ou eu estaria dando um curso de ESCRITA CRIATIVA.

## SOBRE A ESCRITA

Percebi que estou ficando mais bêbado, mas o que poderia ter ido parar em um poema ruim você está recebendo aqui. Sempre me lembro de ler os artigos críticos na *Kenyon* [*Review*] e na *Sewanee Review* nos velhos dias dos bancos de praça e eu gostava do uso que eles faziam da linguagem, embora achasse que era falso, mas todas as nossas palavras são falsas no final, certo, barman? O que podemos fazer? Não muito. Dar sorte talvez. Precisamos da batida e de um sentido pequeno de entretenimento antes de nos encontrarem duros na esquina, inúteis, de acordo com quem ficou. Fico terrivelmente triste por sermos tão limitados. Mas você está certo, o que existe para se comparar? Não há ajuda. Vamos beber. E beber de novo... tentando cortar por toda essa merda com uma faquinha de alumínio...

*Poeta e editor de uma pequena editora, A. D. Winans publicou um grande número de poemas de Bukowski na* Second Coming *nos anos 1970 e 1980, tornando-o um de seus principais colaboradores.*

### [PARA A. D. WINANS]
### 23 DE FEVEREIRO DE 1983

[...] Fui convidado para ir a Naropa um tempo atrás, não para a [Jack] Kerouac [School of Disembodied Poetics],* mas para um bingo, digo bico, de duas semanas... Primeiro, fui chamado por alguma poeta [Anne Waldman] e disse "não". Então foi Ginsberg e precisei dizer a ele que só não faço esse tipo de coisa. A

---

* Literalmente "Escola Jack Kerouac de poética desencarnada", um departamento de escrita criativa na Universidade de Naropa fundado por Allen Ginsberg e Anne Waldman, uma das poucas mulheres reconhecidas pelos poetas do movimento beat. [N.T.]

única coisa que eu poderia dizer às pessoas sobre escrever é NÃO ESCREVA. Tudo está poluído demais agora...

Eu nunca gostei dos beats, eles se promoviam demais e as drogas deixaram todos eles com paus de madeira ou os transformaram em escrotos. Eu sou da velha guarda, acredito em trabalhar e viver isolado; a multidão enfraquece sua intenção e sua originalidade... Quando você passa o tempo com escritores você não escuta nem vê nada além disso. Ou talvez minha natureza só seja ralar sozinho. Eu me sinto bem sem ninguém em volta.

[PARA JACK STEVENSON]
5 DE MARÇO DE 1983

[...] Kafka, você está certo... Ele está ali. Eu sempre gostei de lê-lo quando me sentia suicida, ele parecia me reconfortar, sua escrita abre esse buraco escuro e você cai bem no meio, ele podia te mostrar truquezinhos estranhos, te tirava um pouco de circulação. Tive sorte com D. H. Lawrence nesse sentido também, quando eu estava me sentindo um merda eu mergulhava nas coisas maliciosas e perturbadas dele e era como sair do maldito condado, talvez até do país. Hemingway sempre faz você se sentir traído, como se tivesse sido enganado e roubado. Sherwood Anderson era um fodido estranho e eu gostava de me perder em suas errâncias sonolentas e estranhas também. Bem...

*O poema com a palavra errada do qual Bukowski fala é "waiting for christmas"
[esperando pelo natal, em tradução livre], publicado na* Blow *em 1983.*

## [Para John Martin]
### 3 de outubro de 1983

```
10-3-83

Hello John:

     enclosed new poems....

     Also, mimeo poetry booklet with some of my poems and a nice review of
HAM ON RYE.   The thing is, in case I mailed you these poems, see first
page in mag.  4th word first line should read "trugs".   There isn't such
a word as "turgs".   For the record.

     I hope HOT WATER MUSIC arrives soon.  I get the idea that printer's and
binders tend to  set their own pace.  Probably akin to  trying to  get a roofer
to come by and fix a leaky  roof.

          all right,
             your boy,
```

Olá, John,

anexo dois poemas...

Além disso, um livrinho de poesia mimeografado com alguns dos meus poemas e uma boa resenha de *Misto-quente*. A questão é, caso eu tenha te enviado esses poemas, veja a primeira página da revista, a 4ª palavra da primeira linha deveria ser "trugs" [cestas]. Não existe a palavra "turgs". Só para constar.

Espero que *Numa fria* chegue logo. Tenho a impressão de que as gráficas tendem a trabalhar no próprio ritmo. Provavelmente parecido com querer que venha um construtor de telhados consertar uma goteira no telhado.

P.S.: Vou ficar pulando entre o romance, o conto e o poema, e não sei por que mais pessoas não fazem isso. É como ter 3 mulheres... quando uma fica azeda você tenta as outras.

# 1984

[PARA WILLIAM PACKARD]
19 DE MAIO DE 1984

Bem, como você perguntou... caso contrário, falar de poesia, ou da falta dela, é muito "as uvas estão azedas", uma expressão de desprezo usada antigamente. Que é uma frase de abertura bem bosta, mas eu só tomei um gole de vinho. O velho F. N[ietzsche] acertou quando lhe perguntaram (também antigamente) sobre os poetas. "Os poetas?", disse ele. "Os poetas mentem demais." Esse era *um* dos defeitos deles, e se fôssemos descobrir o que está errado ou o que não está certo com a poesia moderna teríamos que olhar também para o passado. Você sabe que quando os meninos na escola não querem ler poesia, até riem dela, a desprezam como um esporte de maricas, eles não estão totalmente errados. Claro que existe uma mudança na semântica ao longo do tempo que torna absorver trabalhos do passado mais difícil, mas não é isso que afasta os meninos. A poesia só não era certa, era falsa, não importava. Pense em Shakespeare: lê-lo iria te entediar até a morte. Ele só acertava de vez em quando, te dava um lampejo e então voltava a ser um esforço até o próximo ponto. Os poetas que eles nos deram eram imortais, mas não eram perigosos ou interessantes. Nós os cuspíamos e seguíamos para assuntos mais sérios: brigas sangrentas depois da aula. Todo mundo sabe que se você não conseguir entrar cedo na mente jovem vai ser um inferno para entrar nela mais tarde. As pessoas que se tornam patriotas e crentes em Deus sabem muito bem disso. A poesia nunca acertou muito e ainda não acerta. Sim, sim, eu sei, teve Li Po e alguns dos primeiros poetas chineses que conseguiam comprimir enorme emoção e grande verdade em algumas linhas simples. Há outras exceções, é claro, a raça humana não é tão chata para não ter dado alguns passos. Mas o grande monte, fonte, tinta e fita de tudo está traiçoeiramente vazio, quase como se alguém tivesse aplicado um truque sujo em nós, pior que isso, e as bibliotecas são uma farsa.

E os modernos pegam emprestado do passado e estendem o erro. Alguns afirmam que a poesia não é para muitos, mas para poucos. Assim como a maior parte dos governos. Assim como os ricos e as assim chamadas moças de classe. Assim como banheiros especiais.

O melhor estudo de poesia é lê-la e se esquecer dela. Porque não considero uma virtude um poema não poder ser compreendido. Como a maior parte dos poetas escreve de suas vidas protegidas, aquilo sobre o que escrevem é limitado. Eu prefiro certamente falar com um gari, um encanador ou um chapeiro a falar com um poeta. Eles sabem mais dos problemas comuns e das alegrias comuns de se estar vivo.

A poesia *pode* ser divertida, pode ser escrita com uma clareza impressionante, eu não sei por que tem que ser de outro jeito, mas é. A poesia é como se sentar em uma sala abafada com as janelas abertas. E pouca coisa acontece para que qualquer ar entre, qualquer luz. Pode ser que esse campo simplesmente tenha tirado o pior dos praticantes. Parece muito fácil se chamar de "poeta".

Há muito pouca coisa para fazer depois que você assume seu posto. Existe um motivo para tantas pessoas não lerem poesia. O motivo é que a coisa é ruim e malfeita. Talvez os criadores enérgicos tenham ido para a música ou a prosa ou a pintura ou a escultura? Pelo menos de vez em quando nesses campos alguém irrompe das paredes velhas.

Eu fico longe dos poetas. Quando estava nos meus quartos de cortiço era mais difícil fazer isso. Quando eles me encontravam, ficavam lá fofocando e bebendo minha birita. Alguns desses poetas eram razoavelmente conhecidos. Mas o rancor deles, a reclamação e a inveja que tinham de qualquer outro poeta que estivesse dando sorte era inacreditável. Ali estavam homens que deveriam estar escrevendo palavras de verve e sabedoria e exploração, e eles eram só babacas doentios, nem conseguiam beber direito, pingava baba do canto de sua boca, eles babavam nas camisas, ficavam altos com uns poucos drinques, vomitavam e reclamavam. Falavam mal de todo mundo que não estivesse ali, e eu não tinha dúvida de que minha vez chegaria quando eles estivessem em outro lugar. Eu não me sentia ameaçado. O que importava era depois que eles iam embora: sua energia barata tinha pousado embaixo do tapete e nas persianas e por toda parte, e às vezes levava um ou dois dias até eu me sentir bem de novo — quer dizer, meu deus:

"Ele é um judeu italiano lambe-bolas e a mulher dele está no hospício."

"X é tão pão-duro que quando desce uma ladeira de carro ele desliga o motor e coloca o carro no ponto morto."

"Y baixou as calças e me implorou para comer a bunda dele e me pediu para nunca contar para ninguém."

"Se eu fosse um homossexual negro, seria famoso. Assim, eu não tenho chance."

"Vamos começar uma revista. Você tem algum dinheiro?"

E tem o circuito de leituras. Se você estiver fazendo isso pelo aluguel, tudo bem. Mas gente demais faz pela vaidade. Eles leriam de graça, e muitos leem. Se eu quisesse estar no palco, teria sido ator. Para alguns que apareceram e tomaram minhas bebidas, eu expressei minha antipatia por ler poemas para o público. Fede a amor-próprio, eu disse a eles. Vi esses dândis se levantarem e cuspirem seus versos límpidos, é tudo tão chato e entediante, e o público também parece tão sem graça quanto o leitor: só gente morta matando uma noite morta.

"Ah, não, Bukowski, você está *errado*! Os trovadores andavam pelas ruas deliciando o público!"

"Não é possível que eles fossem ruins?"

"Ei, *cara*, do *que* você está falando? Madrigais! Canções do coração? O poeta é igual! Não nos *cansamos* de poetas! Precisamos de *mais* poetas, nas ruas, no topo das montanhas, por toda parte!"

Imagino que existam recompensas para tudo isso. Depois de uma das minhas leituras lá no sul, em uma festa depois, na casa de um prof que tinha organizado a leitura, eu estava lá bebendo a birita de outra pessoa, pra variar, quando o prof chegou.

"Bem, Bukowski, qual você quer?"

"Você tá falando das mulheres?"

"Sim, hospitalidade sulista, sabe."

Devia ter de 15 a 20 mulheres na sala. Olhei em volta e, sentindo que salvaria minha velha alma maldita só um pouco, escolhi uma velha com um vestido curto vermelho que mostrava um monte de perna, ela estava borrada de batom e birita.

"Fico com a vovó ali", eu disse a ele.

"O quê? Sério? Bem, é sua..."

Não sei como, mas isso se espalhou. A vovó estava falando com algum cara. Ela olhou para mim e sorriu, acenou. Eu sorri,

## SOBRE A ESCRITA

dei uma piscadela. Eu enrolaria aquele vestido vermelho em volta das minhas bolas.

Então a loira alta chegou. Tinha um rosto de marfim, feições esculpidas, olhos verde-escuros, os flancos, o mistério, a juventude, ah, tudo isso, você sabe, e ela se aproximou e inflou os peitos enormes e disse: "Quer dizer que você vai ficar com *aquilo?*".

"Ah, sim, senhora, vou entalhar minhas iniciais na bunda dela."

"SEU IDIOTA!", ela cuspiu em mim e saiu para falar com um estudante jovem de cabelo escuro com um pescoço fino e delicado que se curvava pra frente com a agonia imaginada dele. Ela provavelmente era a líder das fodedoras de poetas da cidade, ou talvez a líder das chupadoras de poetas, mas eu tinha estragado a noite dela. Às vezes compensa ler, mesmo que por 500 e um pouco de ar...

O que nos leva adiante. Nessa época, com minha malinha de viagem e minha pilha cada vez maior de poesia, conheci outros de minha estirpe. Às vezes eles estavam saindo quando eu chegava, ou vice-versa. Meu deus, eles pareciam tão suspeitos, doidos e deprimidos quanto eu. O que me deu alguma esperança por eles. Estamos só improvisando, eu pensava, é um trabalho sujo e nós sabemos. Alguns desses estavam escrevendo poesia que apostava um pouco, gritava, parecia estar trabalhando na direção de alguma coisa. Senti que eles estavam se virando com a nossa merda contra todas as expectativas, tentando ficar fora das fábricas, dos lava-rápidos, talvez até dos hospícios. Eu sei que logo antes de a minha sorte mudar um pouco eu estava planejando tentar roubar uns bancos. Melhor comer uma mulher velha de vestido vermelho curto... O que quero dizer, porém, é que alguns desses poucos caras que começaram tão bem... digamos, quase com o mesmo estrondo de um jovem Shapiro em *V-Letter*, agora eu olho em volta e eles foram engolidos, diferidos, sugeridos, molestados, conquistados, enfrescados. Eles dão aulas, são poetas residentes. Usam boas roupas. São calmos. Mas a escrita deles é 4 pneus furados e nenhum estepe no porta-malas e sem gasolina no tanque. AGORA ELES ENSINAM POESIA. ELES ENSINAM COMO ESCREVER POESIA. De onde eles tiraram a ideia de que sabiam alguma coisa sobre isso? Esse é o mistério para mim. Como eles ficaram tão inteligentes tão rápido e tão burros tão rápido? Para onde eles foram? E por quê? E para quê? Resistência é mais importante que verdade porque sem resistência não pode haver nenhuma verdade. E verdade significa ir até o fim com dedicação. Dessa forma, a própria morte não alcança quando te agarra.

Bem, já falei demais. Estou soando como esses poetas que apareciam aqui e vomitar no meu sofá. E minha palavra é só mais uma palavra com as palavras de todos os outros. Só para te avisar que peguei um gatinho novo. Macho. Preciso de um nome. Para o gatinho, quero dizer. E já houve uns bons nomes. Não acha? Como Jefers. e. e. Cummings. Auden. Stephen Spender. Catullus. Li Po. Villon. Neruda. Blake. Conrad Aiken. E tem Ezra. Lorca. Millay. Não sei.

Ah, inferno, talvez eu só chame o filho da puta de "Baby Face Nelson" e deixe por isso mesmo.

[Para A. D. Winans]
27 de junho de 1984

[...] Acho que uma das melhores coisas que já aconteceram comigo foi ter passado tanto tempo malsucedido como escritor e ter precisado trabalhar para viver até os 50. Isso me manteve longe de outros escritores e seus jogos de salão e suas facas nas costas e reclamações, e agora que tive alguma sorte ainda pretendo me manter longe deles.

## SOBRE A ESCRITA

Que eles continuem seus ataques, eu vou continuar meu trabalho, o que não é algo que faço para buscar imortalidade, nem mesmo uma fama pequena. Faço porque preciso e vou. Eu me sinto bem na maior parte do tempo, especialmente quando estou nessa máquina e as palavras parecem cada vez mais estar saindo melhores. Verdade ou não, certo ou errado, vou em frente.

[Para Carl Weissner]
2 de agosto de 1984

[...] O trabalho que você fez ao longo dos anos para mim e a Sparrow, suas traduções e seus esforços para sempre conseguir o melhor para nós devem ser das coisas mais notáveis que já vi. Duas das coisas que mais tive sorte de terem me acontecido foram Martin me escolher e você decidir ser meu tradutor, agente e amigo. Então eu penso no velho Jon Webb, que me publicou naquelas edições esplêndidas quando eu era praticamente desconhecido. Existem pessoas mágicas no mundo, e você com certeza é uma delas. [...]

Olhe, bem, eu recebo tantos livros de traduções de tantos lugares que quase nem sei o que está acontecendo. Não cabem todos na estante. Estão espalhados pelo tapete. Preciso de outra estante no quarto. Talvez logo mais. É tudo muito estranho. Pensar que pessoas em todos esses países distantes estão lendo *Mulheres*, *Factótum*, *Ao sul de lugar nenhum*, *Misto-quente* e por aí vai... Eu recebo cartas de amor de mulheres em lugares distantes. Uma senhora na Austrália me mandou a chave da casa dela. Longas cartas de outras. E aqui, nos EUA, recebo propostas de meninas de 19 a 21 que querem vir me ver. Eu digo a elas que nada feito. Nada é de graça. Tudo tem um preço. Digo a elas para irem trepar com alguém da idade delas. [...]

Martin me colocou nas pinturas de *War All the Time* [Guerra o tempo todo, em tradução livre].* Eu tento dizer a ele que as pinturas vêm do mesmo lugar que a escrita e que eu prefiro escrever. Não consigo fazê-lo ver isso. Então sento bêbado apertando tubos de tinta no papel e colocando-os no chão e os gatos andam por cima deles. Eu não os impeço.

---

* Livro de poemas que Bukowski publicou em 1984. [N.T.]

# 1985

*O livro removido da biblioteca Nijmegen, na Holanda, era* Fabulário geral do delírio cotidiano.

[PARA HANS VAN DEN BROEK]
22 DE JANEIRO DE 1985

Obrigado por sua carta me contando da remoção de um dos meus livros da biblioteca Nijmegen. E que ele foi acusado de discriminação em relação a negros, homossexuais e mulheres. E que é sadismo pelo sadismo.

As coisas que eu temo discriminar são humor e verdade.

Se eu escrevo falando mal de negros, homossexuais e mulheres é porque os que eu conheci eram assim. Existem muitos "maus" — cachorros maus, má censura; existem até homens brancos "maus". Só que quando você escreve sobre homens brancos "maus" eles não reclamam disso. E preciso dizer que existem "bons" negros, "bons" homossexuais e "boas" mulheres?

No meu trabalho como escritor eu só fotografo, em palavras, o que vejo. Se escrevo sobre "sadismo" é porque ele existe. Eu não o inventei, e se algum ato terrível ocorre no meu trabalho é porque tais coisas acontecem nas nossas vidas, eu não estou do lado do mal, se uma coisa como o mal é abundante. Na minha escrita nem sempre concordo com o que ocorre, nem chapinho na lama só porque sim. Além disso, é curioso que pessoas que se revoltam com meu trabalho pareçam ignorar as partes dele que comunicam alegria, amor e esperança, e essas partes existem. Meus dias, meus anos, minha vida viram altos e baixos, luz e trevas. Se eu escrevesse apenas e continuamente sobre a "luz" e nunca mencionasse o outro lado, então como artista eu seria um mentiroso.

A censura é a ferramenta daqueles que têm a necessidade de esconder verdades de si mesmos e dos outros. O medo deles é apenas sua incapacidade de enfrentar o que é real, e eu nem posso expressar qualquer raiva contra eles, sinto apenas essa tristeza impressionante. Em algum lugar, em sua criação, eles foram protegidos da totalidade dos fatos da nossa existência. Só foram ensinados a olhar de uma maneira, quando existem muitas.

Não estou desapontado por um dos meus livros ter sido caçado e desalojado das estantes da biblioteca local. Em certo sentido, estou honrado por ter escrito algo que acordou essas pessoas de suas profundezas não contemplativas. Mas fico magoado, sim, quando o livro de outra pessoa é censurado, porque esses livros normalmente são grandes livros, e existem alguns casos assim, e ao longo dos tempos esses livros se tornaram, e o que antes era visto como chocante e imoral agora é leitura obrigatória em muitas das nossas universidades.

Não estou dizendo que o meu livro é um desses, mas estou dizendo que no nosso tempo, nesta época em que qualquer momento pode ser o último para a maioria de nós, é bem irritante e impossivelmente triste que ainda tenhamos em nosso meio pessoas pequenas e amargas, os caçadores de bruxas e declama-

SOBRE A ESCRITA

dores contra a realidade. Ainda assim, esses também pertencem ao nosso meio, são parte do todo, e se não escrevi sobre eles, eu deveria, talvez tenha feito isso aqui, e é suficiente.

Que todos nós melhoremos juntos.

[PARA A. D. WINANS]
22 DE FEVEREIRO DE 1985

[...] Sobre sair do seu emprego aos 50, não sei o que dizer. Eu precisei sair do meu. Todo o meu corpo doía, eu não conseguia mais erguer os braços. Se alguém me tocava, só esse toque dava agulhadas e fazia ondas de agonia correrem por mim. Eu estava acabado. Eles tinham martelado meu corpo e minha mente por décadas. E eu não tinha um centavo. Precisava beber para libertar a minha mente do que estava acontecendo. Decidi que estaria melhor na sarjeta. Estou falando sério. Tinha chegado a um péssimo fim. No meu último dia no emprego, um cara soltou um comentário enquanto eu passava: "Aquele velho tem colhões de sair do emprego com a idade *dele*". Eu não sentia que tinha uma idade. Os anos tinham só se somado e se cagado.

É, eu tinha medo. Tinha medo de nunca ter sucesso como escritor, em termos de dinheiro. Aluguel, pensão alimentícia. A comida não importava. Eu só bebia e me sentava à máquina. Escrevi meu primeiro romance (*Cartas na rua*) em 19 noites. Bebia cerveja e uísque e ficava sentado de shorts. Fumava charutos baratos e ouvia rádio. Escrevia histórias indecentes para as revistas de sexo. Isso pagava o aluguel e também fazia com que os moles e seguros dissessem: ele odeia mulheres. Meu imposto de renda daqueles primeiros anos mostra quão ridiculamente pouco eu ganhava, mas de alguma forma eu estava existindo. As leituras de poesia vieram e eu as odiava, mas era mais $$$. Foi uma neblina selvagem e bêbada por um tempo e eu tive alguma sorte. E eu escrevi e escrevi e escrevi, eu amava martelar a máquina. Estava lutando para sobreviver a cada dia. E dei sorte com um casal de proprietários legal. Eles achavam que eu era doido. Eu ia lá e bebia com eles noite sim, noite não. Eles tinham um refrigera. cheia só de garrafas de quase um litro de cerveja Eastside. Nós bebíamos das garrafas, uma depois da outra até as 4 da manhã, cantando canções dos anos 1920 e 1930. "Você é doido", a proprietária sempre dizia, "você saiu daquele bom emprego no correio". "E agora você sai com aquela mulher doida. Você sabe que ela é doida, não sabe?", o proprietário dizia.

Além disso, eu ganhava dez pratas por semana para escrever aquela coluna "Notas de um velho safado". E, sério, essas dez pratas pareciam grandes às vezes.

Não sei, A. D., não sei bem como consegui. A bebida sempre ajudou. Ainda ajuda. E, francamente, eu amava escrever! O SOM DA MÁQUINA DE ESCREVER. Às vezes acho que era só o som da máquina que eu queria. E a bebida ali, bebida com uísque, ao lado da máquina. E encontrar bitucas de charutos velhos, acendê-las enquanto bêbado e queimar meu nariz. Não era tanto que eu estivesse TENTANDO ser escritor, era mais fazer algo que era bom fazer.

A sorte aos poucos se acumulou e eu continuei escrevendo. As mulheres ficaram mais jovens e mais exigentes. E certos escrito-res começaram a me odiar. Ainda odeiam, só que mais. Isso não importa. O que importa é que eu não morri naquele banquinho do correio. Segurança? Segurança de quê?

# SOBRE A ESCRITA

## [Para John Martin]
## Junho de 1985

Você ganhou a vida com isso, e no geral publicou o que queria, talvez não tanto no início, quando tinha a tendência de ouvir vozes mais "literárias" que queriam te apontar na direção do "prestígio", mas cada vez mais você se tornou o apostador, alguém que aposta, mas ainda costuma ganhar — por estilo e conhecimento, instinto. O que vende não é necessariamente bom, e o que não vende pode ser muito ruim, em vez de uma forma artística não compreendida. Existem várias formas para essa mistura. Comandar um bom show requer um Olho que saiba separar o joio do trigo. Você faz seu trabalho com energia, o que confunde os desejos e sonhos preguiçosos e irreais daqueles que pensam que as coisas podem acontecer sem uma boa briga.

Eles reclamam de você por fazer as coisas funcionarem quando eles não conseguem fazer as coisas funcionarem; a inveja deles sai de sua lamentável fraqueza. Você simplesmente vai em frente, continua, enquanto eles gritam sobre sua aparente infelicidade que só é causada por uma preguiça nojenta e uma espinha mole como alcaçuz.

Você é o publisher, o editor, o leitor de manuscritos, o cobrador, o relações-públicas e deus sabe o que mais, enquanto você escuta os assim chamados Grandes Nomes gemerem e grunhirem ao telefone a respeito de todas as maneiras de animosidades triviais, os dolorosos probleminhas que acometem toda criatura viva, mas que *eles* sentem que caem particularmente sobre eles por causa de seu assim chamado gênio muito sensível e escolhido por Deus.

Você faz a porra do seu trabalho e você faz bem, muito bem, mas o que me incomoda, mesmo que não te incomode, é o que considero sua quase falta de reconhecimento pelo que faz, fez, continua a fazer, incansavelmente e com vigor. Ouso dizer que você publicou um corpo de literatura por quase três décadas que se mantém insuperado na história do mercado editorial americano. Ainda assim, o que é falado sobre você? Não que você precise disso, só que eu preciso por você. Prefiro que Campeões não passem desapercebidos.

Seu problema é que, ao fazer seu trabalho, você abriu mão do tempo de ir a todos os coquetéis e lamber o saco da mídia e das criaturas universitárias que iriam te levar para o círculo da proeminência chata e mortífera deles.

Não se preocupe, a Bomba logo será suficiente, e se não, o registro das suas conquistas estará lá, a Black Sparrow, seu tipo maravilhoso e idiota de filho da puta.

*Os livros que Bukowski discute a seguir são* O caminho de Los Angeles *e* O vinho da juventude, *ambos publicados postumamente pela Black Sparrow Press em 1985.*

## [Para Joyce Fante]
### 18 de dezembro de 1985

Desculpe por você ter perguntado pelos livros de John e eu ter enrolado com isso por dias e noites me perguntando como te responder, e não existe outra maneira de fazer isso exceto esta: eu não gostei dele, nem do livro seguinte.

Você sabe, existe um jeito de ter rancor com estilo e existe um jeito de viver o amargor com humor, mas esses dois livros só me fizeram sentir muito mal. Tudo bem destruir se sua destruição requer coragem, mas se é só destruição pela destruição, bem, isso é feito todo dia em todas as nossas vidas, acontece nas estradas e nos becos de nossas idas e vindas e esperas.

John foi minha principal influência, junto de Céline, Dostoiévski e Sherwood Anderson, e ele escreveu os livros mais cheios de sentimentos e graça de nosso tempo, mas sinto que esses trabalhos tardios ou iniciais não deveriam ter sido publicados. Posso estar errado, é claro. Eu com frequência estou errado.

O fato de que pude conhecer meu herói (se você perdoar o termo) no fim da vida dele e sob as mais dolorosas condições foi tanto uma coisa muito triste quanto muito boa para mim. Espero que as poucas palavras que troquei com John o tenham ajudado no meio daquele mais terrível inferno.

Mesmo assim, sempre vou me lembrar de ler *Pergunte ao pó*, que ainda considero o melhor romance de todos os tempos, um romance que provavelmente salvou minha vida, o que quer que ela valha.

Ninguém nunca está no auge o tempo todo; na verdade, poucas pessoas sequer chegam perto. John chegou, e mais de uma vez. Você viveu com um homem muito amargo que superou seu amargor, finalmente, com um amor que ressoava, preenchia e animava cada linha e tornava cada uma delas um milagre memorável que dizia

sim em vez de não
sim porque não
que dizia
sim sim sim

e continuava a dizer, mesmo quando eu o conheci como ele estava.

Nunca haverá outro John Fante...

Ele era um buldogue com coração, no inferno.

# 1986

*Kurt Nimmo publicou a poesia de Bukowski na* Planet Detroit *em 1985, além do livreto* Relentless as the Tarantula [Inquieto como a tarântula, em tradução livre] *em 1986.*

## [PARA KURT NIMMO]
### 3 DE MARÇO DE 1986

Sinto muito por Martin estar em cima de você como um pesadelo. Eu sou o ás no deque dele e o inquieta, à beira da loucura, alguém sair com alguns poemas espalhados. [*Relentless as the*] *Tarantula* foi feito de forma linda e acho que os poemas são ok, alguns deles até mesmo excepcionais. Francamente, fico feliz por você tê-lo lançado...

Martin tem milhares de poemas meus, milhares, milhares, um estoque de 20 anos de trabalhos que mandei pra ele. Ele poderia publicar 5 ou 6 ou 7 livros de poesia meus sem qualquer problema, e os poemas seriam todos de alto nível. Eu só escrevo um monte de coisas.

Martin está deliberadamente enrolando com meu próximo livro para deixá-los ansiosos e famintos. Ele fala da forma como

Col. Parker lidava com E. Presley. Disse que ele segurava as coisas de Presley para fazer as pessoas o desejarem. Merda, todos aqueles filmes idiotas do Presley. Eu não chamo isso de segurar.

Martin e eu mais ou menos começamos juntos, e sinto que devo alguma lealdade a ele; por outro lado, talvez ele nem estivesse no jogo agora se não fosse por mim.

Eu só odeio entrar nessas disputas... com Martin. Tudo que eu quero é beber vinho e datilografar.

Ele me mandou uma cópia da carta que escreveu pra você. Então por que o telefonema? Para você...

Martin parece obcecado demais com essa porra toda.

Do meu ponto de vista, me parece que você simplesmente publicou os poemas porque gostou deles. E então você *distribui* os exemplares para os assinantes... Não me parece que esteja tentando destruir o império de Martin!

[PARA JOHN MARTIN]
5 DE MARÇO DE 1986

Essa coisa é um inferno.

O que eu estou começando a entender é que a Black Sparrow só pode publicar o que quer.

O que sobra você deixa nos seus arquivos.

É como se você tivesse uma droga de macaco em uma jaula para exibir ao seu bel-prazer.

Minha energia está sendo mutilada pelo seu simples desejo de lucro.

Você continua me guardando enquanto meus leitores estão ansiosos por mais.

Minha lealdade a você começou como uma questão justa e uniforme.

Tudo que eu quero fazer é datilografar essa merda. E você só permite que as pessoas vejam talvez um sexto da minha energia. Isso é assassinato. Você está me matando.

Nenhum poeta em seu próprio tempo foi restringido como você está fazendo comigo.

[Para William Packard]
27 de março de 1986

Acabei de receber a *NYQ* #29 e notei os muitos poemas de Chinaski* que você publicou! Você faz um homem se sentir como e. e. Cummings ou quase talvez um pouco como Ezra e Li Po, e eu bebo esse vinho hoje e me sinto excelentemente bem; eu gostaria de fazer as palavras morderem o papel não tanto quanto Hemingway fez, mas mais como riscos no gelo, e também ser recebido com alguns risinhos.

Obrigado por sua aposta. Tenho certeza de que em muitos ambientes sou considerado "apoético", o que, é claro, me agrada até os ossos.

Então, ah... humm... eu... anexei mais alguns, embora perceba que agora você já deve estar sobrecarregado. Se a *NYQ* não tivesse chegado eu teria mandado para outro lugar, mas fiquei nessa exaltação e os mandei para você. Não estou me vendendo... se voltar tudo, tem só um tanto de espaço para tantas pessoas, e eu passo esses para outro lugar...

Levei algumas décadas para dar sorte, e acho que foi melhor assim — os empregos de bosta, as mulheres bravas, enquanto isso eu lia os escritores e tirava muito pouco deles. Quando você é um

---

* Henry Chinaski é considerado o alter ego de Bukowski, aparece em muitos de seus romances. [N.T.]

escravo e um servo da moeda de outra pessoa, existe algo na maior parte da escrita que não agrada. Claro, a juventude tem algo nela que te faz acreditar que é muito melhor do que é na realidade. No início, eu escrevia muito como Saroyan e Hemingway, e um pouco como Sherwood Anderson. Aí comecei a desgostar de Saroyan, porque ele não alterava de acordo com as condições, e de Hemingway porque ele não tinha nenhuma porra de humor, então eles me secaram. Sherwood Anderson, bem, boa parte dele ainda pega. Li Po teria gostado dele.

Enfim, como eu falhava na máquina eu caía mais e mais em bebida e mulher, era como escrever de uma forma substituta e quase me matou, mas eu estava pronto para ser morto e não aconteceu exatamente, e embora eu tenha largado o outro tipo de escrita, eu estava sem saber recolhendo um material estranho e selvagem que talvez alguém atrás de um doutorado em Literatura em alguma univ. não encontrasse. Sabe, eu tive pessoas bem-intencionadas que me disseram: "Todo mundo sofre". Eu sempre digo a elas: "Ninguém sofre como os pobres". Então eu me livro delas.

Escrever é apenas o resultado do que nos tornamos a cada dia ao longo dos anos. É uma bela de uma digital do eu, e é isso. E tudo que foi escrito no passado não é nada; o que é... é só a próxima linha. E quando você não consegue mais pensar na próxima linha não significa que você está velho, significa que está morto. E tudo bem estar morto, acontece. Torço por um adiamento, porém, assim como todos nós. Mais uma folha de papel nessa máquina, embaixo deste abajur quente, preso no vinho, reacendendo essas bitucas de cigarro, enquanto no andar de baixo minha pobre esposa escuta esses sons, se perguntando se eu estou doido ou só bêbado, ou o que seja. Eu nunca mostro meu trabalho a ela, nunca falo dele. Quando a sorte dura e um livro sai, eu vou para a cama, leio, não digo nada, passo para ela. Ela lê, diz muito pouco. Era assim que os deuses queriam. Essa é uma vida além de toda consideração moral e mortal. É isso. Arrumada assim. E quando meu esqueleto estiver no fundo do caixão, caso eu tenha isso, nada poderá me tirar dessas noites esplêndidas, sentado aqui a essa máquina.

[PARA CARL WEISSNER]
22 DE AGOSTO DE 1986

[...] Engoli quase uma garrafa inteira em 15 minutos, branco gelado. Preciso, esquenta muito rápido. Tipo o novo livro, *You Get So Alone at Times That It Just Makes Sense* [Você fica tão sozinho às vezes que só faz sentido, em tradução livre]. Nada imortal, mas algumas boas risadas, talvez? Quando Barbet terminou ele viu todas aquelas caixas de papelão cheias de poemas.

"Jesus Cristo, você escreveu tudo isso?", ele perguntou.

"Esse ano", eu disse.

"Martin seleciona as melhores coisas?"

"Esperamos que sim..."

Bem, a maior parte dos poetas seleciona os próprios poemas. Eu sou preguiçoso. Além disso, enquanto estou trabalhando em selecionar os poemas eu poderia estar escrevendo *mais*. Um dos grandes segredos de Martin é que ele tem esses MILHARES DE POEMAS ESCONDIDOS. Ele nunca vai publicar todos, ele não vai viver tanto. Eu provavelmente sou um pouco louco, mas quase nunca sinto que escrevo quando não quero escrever. Quanto a Martin, eu só queria que ele publicasse os poemas mais doidos. Sinto que ele está me deixando um tanto formal demais.

## SOBRE A ESCRITA

Preciso voltar a escrever a porra do conto. É uma ótima forma, você pode brincar mais. É só isso, eu consigo escrever um conto quando estou me sentindo bem, e não tenho me sentido nada bem, daí todos os poemas poemas poemas... Sem esse escape eu provavelmente seria um suicida ou estaria engolindo comprimidos no hospital psiquiátrico mais próximo.

# 1988

[Para Carl Weissner]
6 de julho de 1988

[...] Os poemas atrapalham o romance — outros, além do lamento do câncer de pele... continuam vindo. Às vezes, só a garrafa e o poema são adequados pra uma situação, ou semanas de situações. Ou semanas disso.

Ainda estou na página 173 do romance [*Hollywood*], as páginas não colam mais na prancheta. Acho que a escrita está boa, embora se e quando o livro sair eu possa ter mais problemas. Mas nossos tribunais estão tão cheios que, às vezes, antes que um caso seja ouvido, se passam 5 ou 6 anos e nesse tempo os papéis voam por aí e os advogados ficam gordos e ricos enquanto os clientes ficam doidos.

*Gargoyle*, sim, eles estão aí há um bom tempo, embora o trabalho que publicam pareça muito liso e sem aposta e coragem. Jay D[ougherty] me diz, porém, que você apareceu com uma entrevista estrondosa, e estou ansioso para ver o que Kool Karl de Mannheim vai inventar. Sempre gostei do seu ponto de vista sobre a existência.

*Roominghouse* [*Madrigals*], sim, mas ainda gosto do que estou fazendo agora. Uma clareza mais perto do osso. Eu acho. Todo esse tempo que me meto com a porra da fita, é bom eu ter um gosto por isso.

[PARA CARL WEISSNER]
6 DE NOVEMBRO DE 1988

[...] Sim, eu terminei *Hollywood*. Acho que ficou bom. Algumas gargalhadas ali. Na verdade, gosto tanto dele quanto de qualquer coisa que escrevi. Mas um escritor, é claro, é o pior juiz de seu próprio trabalho. Mas escrever isso foi um tônico para mim, um elixir, é, porque várias dessas coisas estavam me corroendo, me mordendo, gritando comigo, e a máquina de escrever e a página são uma saída, um escape do lago de merda para uma meia-luz arejada, muito embora a coisa sobre a qual eu estivesse escrevendo fosse uma história de terror. Às vezes, tudo parece se encaixar quando parece não haver chance.

Prefiro certamente escrever em um estado mental feliz e consigo fazer isso quando essa fase rara e sortuda chega. Não acredito na dor como incentivo para a arte. A dor é frequente demais. Nós podemos respirar sem ela. Se ela nos deixar.

Sobre Burroughs, eu nunca dei muita sorte com ele. E sinto muito que ele tenha decaído para você. Aquela gangue toda: Ginsberg, Corso, Burroughs e por aí vai, eles enfraqueceram há muito tempo para mim. Quando você escreve só para ficar famoso você caga tudo. Eu não quero criar regras, mas se existe uma, é essa: os únicos escritores que escrevem bem são aqueles que precisam escrever para não enlouquecer.

# 1990

*Hughes publicou os poemas de Bukowski na Sycamore Review em 1990-1991.*

## [Para Henry Hughes]
### 13 de setembro de 1990

```
9-13-90

Hello Henry Hughes:

    I'm glad I got a couple past you.

        I'm 70 now but as long as the red wine flows and the typewriter goes, it's all
    right. It was a good show for me when I was writing dirty stories for the men's
    mags to get the rent and it's still a good show for me as I write against the
    hazards of a little fame and a little money--and those approaching footsteps
    on that thing with the STOP sign. At times I've enjoyed this contest with life.
    On the other hand, I'll leave it without regrets.

        Sometimes I've called writing a disease. If so, I'm glad that it caught me.
    I've never walked into this room and looked at this typewriter without feeling that
    something somewhere, some strange gods or something utterly unnamable has touched
    me with a blithering, blathering and wonderous luck that holds and holds and
    holds. Oh yes.
```

Olá, Henry Hughes,

Fiquei feliz de passar alguns por você.

Eu tenho 70 agora, mas enquanto o vinho tinto fluir e a máquina funcionar, tudo bem. Foi um bom show para mim quando eu escrevia histórias indecentes para as revistas masculinas para pagar o aluguel, e ainda é um bom show para mim agora que escrevo contra os obstáculos de alguma fama e algum dinheiro — e aqueles passos que se aproximam daquela coisa com a placa de PARE. De vez em quando eu gosto dessa competição com a vida. Por outro lado, eu a deixarei sem arrependimentos.

Às vezes chamo escrever de uma doença. Se é, eu fico feliz de ter pegado. Nunca entrei nessa sala e vi essa máquina de escrever sem sentir que algo, em algum lugar, alguns deuses estranhos ou algo completamente inominável me tocou com uma sorte ofuscante, ensurdecedora, que dura e dura e dura. Ah, sim.

[PARA OS EDITORES DA COLORADO NORTH REVIEW]
15 DE SETEMBRO DE 1990

[...] Notei que vocês são afiliados a uma universidade, mas que ainda soam bastante humanos, pelo menos na sua correspondência. Mas notei nos últimos anos que algumas publicações universitárias são mais abertas a apostas e divergências no que divulgam, quer dizer, elas parecem estar saindo do século XIX, finalmente, com o 21 se aproximando. Um maravilhoso sinal, de verdade.

Sim, eu sei o que vocês querem dizer sobre escritores e escrita. Nós parecemos ter perdido o alvo. Escritores parecem escrever para serem conhecidos como escritores. Não escrevem porque algo os impulsiona para o abismo. Eu olho para trás, para quando Pound, T. S. Eliot, e. e. Cummings, Jeffers, Auden, Spender estavam por aí. O trabalho deles cortava o papel, colocava fogo nele.

Poemas se tornavam eventos, explosões. Havia uma empolgação forte. Agora há décadas parece haver essa calmaria, uma calmaria quase *ensaiada*, como se a chatice indicasse genialidade. E se um novo talento apareceu foi só um lampejo, alguns poemas, um livro fino, e então ele ou ela foi enterrado, ingerido pelo nada silencioso. Talento sem durabilidade é um maldito crime. Quer dizer que caíram na armadilha macia, quer dizer que acreditaram nos elogios, quer dizer que se contentaram com pouco. Um escritor não é um escritor porque escreveu alguns livros. Um escritor não é um escritor porque dá aula de literatura. Um escritor só é um escritor se puder escrever agora, esta noite, neste minuto. Temos muitos ex-escritores que datilografam. Livros caem da minha mão para o chão. São uma bosta total. Acho que acabei de jogar meio século pelos ares fedidos.

Sim, os compositores clássicos. Eu sempre escrevo com música ligada e uma garrafa de bom tinto. E fumo cigarros Mangalore Ganesh. O serpentear da fumaça, o martelar da máquina e a música. Que jeito de cuspir no rosto da morte e parabenizá-la ao mesmo tempo. Sim.

*O trabalho de Bukowski aparecia frequentemente na* Beat Scene *e na* Transit, *ambas publicadas por Ring na Inglaterra.*

[Para Kevin Ring]
16 DE SETEMBRO DE 1990

[...] Eu sei o que você quer dizer sobre poesia. O fingimento velho dela me incomoda há décadas, não apenas na poesia do nosso tempo, mas na poesia de todos os tempos, a assim chamada melhor coisa. Parece que todo mundo está se emperiquitando, atuando, queimando em fogo baixo demais ou em fogo algum, deixando tudo bonito, deixando delicado [...]. A prosa vem logo atrás. Não estou querendo dizer que sou um grande escritor, mas estou dizendo que, como leitor, eu me sinto enganado, passado para trás, roubado com truques óbvios do ofício, truques que nem vale a pena aprender.

Ah, sim, eu conheço Sir Edward Elgar. Ele podia escrever pela Rainha e a pátria e ainda fazer mágica. Tem também Eric Coates. Estou falando dos ingleses. Existem tantos grandes compositores clássicos ao longo dos tempos. Eu escuto horas deles, é minha droga. Acalma os desvios do meu pobre cérebro destruído. Diferente dos escritores de prosa e poesia, os compositores clássicos parecem bem honestos, duradouros e cheios de invenção e fogo. Eu não me canso deles, a lista parece infinita. Muitos deles basicamente deram a vida pelo trabalho. A aposta final. Eu escuto horas de música clássica, a maioria no rádio, e mesmo depois de todos esses anos eu com frequência ouço uma obra nova e impressionante que quase nunca foi tocada.

Essas são as grandes noites, quando eu escuto uma dessas obras. Conheço os padrões e os arranjos padrão, mas não importa quão bons sejam, quando você de alguma forma decorou cada nota que vai chegar, isso os enfraquece um pouco. Minha escrita, embora simples na forma, é sempre guiada pela música, porque eu escuto enquanto escrevo, e, claro, tem a velha e querida garrafa.

[PARA WILLIAM PACKARD]
23 DE DEZEMBRO DE 1990

[...] Quando tudo funciona melhor não é porque você escolheu a escrita, mas porque a escrita te escolheu. É quando você está louco com ela, quando está enfiada em seus ouvidos, suas narinas, por baixo das suas unhas. É quando não há esperança além disso.

Uma vez, em Atlanta, passando fome em um barraco, congelando. Eu só tinha jornais como piso. E encontrei um toco de lápis e escrevi nas margens em branco dos jornais com o toco de lápis, sabendo que ninguém nunca veria aquilo. Foi uma loucura de câncer. E nunca foi trabalho ou planejado ou parte de uma escola. Apenas era. Isso é tudo.

E por que falhamos? É o tempo, algo no tempo, nosso Tempo. Durante meio século não houve nada. Nenhuma revolução de verdade, nenhuma novidade, nenhuma energia flamejante, nenhuma aposta.

O quê? Quem? Lowell? Aquele gafanhoto? Não me cante canções de bosta.

Nós fazemos o que podemos, e não fazemos muito bem.

Censurados. Trancados. Nós *posamos* para isso.

Trabalhamos demais. Tentamos demais.

Não tente. Não trabalhe. Está ali. Está olhando para nós, lutando para chutar o útero fechado.

Houve *direcionamento* demais. É tudo livre, não precisavam ter nos dito.

Aulas? Aulas são para asnos.

Escrever um poema é fácil como martelar sua carne ou beber uma garrafa de cerveja. Olha. Aqui vai um:

"fluxo"

a mãe viu o guaxinim,
minha esposa me disse.

ah, eu disse.

e isso foi
meio que
como as coisas foram
hoje à noite.

# 1991

[PARA JOHN MARTIN]
11 DE MARÇO DE 1991, 1H42

Provavelmente estou escrevendo demais. Para mim, não pode ser. Estou viciado nisso.

No centro do meu cérebro ainda me lembro daquela vez em Atlanta, repito como posso, quando eu estava passando fome e fora de mim, mas talvez em mim, quando escrevi com um toco de lápis nas bordas dos jornais que meus proprietários tinham colocado como tapete no chão de terra. Loucura? Claro, mas uma loucura boa, eu gostaria de pensar. Não dá para esquecer, nunca. Eu tive o melhor treinamento universitário em literatura que alguém já teve. Estou pronto para voar pelo teto de qualquer lugar. Só porque sim.

[PARA JOHN MARTIN]
23 DE MARÇO DE 1991, 23H36

Continuo com esse sentimento de que sou um escritor iniciante. A velha empolgação e o maravilhamento estão aqui... É uma grande loucura. Acho que escritores demais, depois que estão no jogo há um tempo, ficam treinados demais, cuidadosos demais. Têm medo de cometer erros. Você joga os dados, e às vezes vai tirar dois uns. Eu gosto de manter a coisa solta e selvagem. Um poema bom e direito pode acontecer, mas ele vem enquanto você está trabalhando com outra coisa. Eu sei que escrevo bosta, mas ao soltar a coisa, bater nos tambores, existe uma liberdade suculenta nisso.

Estou em um momento rico, maduro, estrondoso de divertido. Até aqui, os deuses estão me permitindo essa celebração. É tão estranho. Mas vou aceitar.

[PARA JOHN MARTIN]
13 DE ABRIL DE 1991, 00H20

Comprei esse papel verde por engano, mas funciona bem, eu acho.

Acabei de autografar alguns livros para o Fidel Castro. Eu não tenho posição política, é claro, mas era hora de ele ler algo da Black Sparrow, não acha?

*Bukowski ficou muito impressionado com o ensaio de Patrick Foy "The Second World War and Its Aftermanth"* [A Segunda Guerra Mundial e suas consequências, em tradução livre]*, que mais tarde foi expandido para o livro* The Unauthorized World Situation Report [Relatório não autorizado da situação do mundo, em tradução livre].

[PARA PATRICK FOY]
15 DE ABRIL DE 1991, 20H34

Obrigado pelo poema e pela foto, ambos bons. Não, não sou fã de tênis, mas sou um estudante da derrota. Tive algumas aulas.

Queria te falar das boas leituras que você mandou. Sua luta contra a estupidez arraigada na história deste século é solitária e nobre. Fico maravilhado pela maneira como você persiste apesar de tudo. Acredito que suas opiniões são exatas. Mas a propaganda do passado afundou quase todas as mentes em uma aceitação ignorante da mentira mortal. Elas são incapazes de voltar a desfazer os enormes erros porque então nossos incensados líderes, nossos heróis históricos seriam desmascarados como fraudes e falsos. E pense nos milhões de vidas perdidos pelas assim chamadas grandes causas. Todas essas vidas, então, teriam que ser admitidas como uma perda total, não pelos motivos certos, mas por todos os errados. Esse jogo monstruoso seguiu por tempo demais para ser consertado; levaria homens e mães, quase todo o mundo, ao ódio e à loucura. Mas a coisa mais horrível de todas é que o jogo continua, não apenas do mesmo jeito, mas de uma forma ainda mais sem alma com a mesma ganância e medo e por meio de uma prática treinada e tão afiada que quanto maiores os mentirosos, mais acreditarão neles.

Tudo o que os poucos de nós que estão cientes podem fazer é proteger nossas próprias mentes desse massacre que apagou as sensibilidades de quase todos os humanos.

[PARA JOHN MARTIN]
12 DE JULHO DE 1991, 21H39

Leia onde Henry Miller parou de escrever depois que se tornou famoso. O que provavelmente significa que ele escrevia para ficar famoso. Eu não entendo isso: não existe nada mais mágico e lindo do que linhas se formando no papel. É tudo o que existe. Tudo o que sempre existiu. Nenhuma recompensa é maior que o fazer. O que vem depois é mais que secundário. Não consigo entender um escritor que para de escrever. É como arrancar seu coração e dar descarga nele junto com a merda. Eu vou escrever até meu último maldito fôlego, não importa se vão achar bom ou não. O final como o começo. Fui feito para ser assim. É tão simples e profundo quanto isso. Agora me deixe parar de escrever sobre isso para que eu possa escrever sobre outra coisa.

# 1992

[PARA JOHN MARTIN]
19 DE JANEIRO DE 1992, 00H16

Trecho curto de diário anexo.

Obrigado pelo resumo das vendas. Realmente incrível. Que você tenha mantido esses 18 livros em catálogo e que eles sigam vendendo. É estranho para mim e tenho orgulho de cada livro, do fato de que eles ainda estão vivos e fortes. E tem algo nos velhos títulos, conforme o tempo passa eles parecem ganhar um sabor extra (falo dos títulos dos livros, realmente), como se tivessem uma personalidade própria deles. Bem, é ótimo, um desses milagres silenciosos.

E melhor, ainda estamos aqui. Se um dia você abandonar o barco eu não sei o que vou fazer. Nós trabalhamos em confiança e harmonia total, não me lembro de nunca ter tido nenhuma discussão sobre nada.

Obrigado, meu velho, tem sido lindo.

# [Para William Packard]
## 30 de março de 1992, 20h24

[...] Obrigado pelos anexos. Gostei do seu poema "The Seducer" [O sedutor, em tradução livre]. Você sabe como funciona. Ou não funciona. Obrigado também por anexar a ementa. Fico honrado por estar na mesma lista que Pound, Lorca, Williams e Auden. *Mockingbird Wish Me Luck* [Tordo-imitador, deseje-me sorte, em tradução livre]. E, falando de Pound, muitas décadas atrás eu morava com uma mulher e eu era um provedor ruim, e como conseguimos, bebendo sem parar como fazíamos, eu fico maravilhado hoje, embora na época não achasse grande coisa. Enfim, nos poucos momentos não bêbados eu normalmente ia à biblioteca e voltava. Uma vez abri a porta e fiquei lá com um livro pesado na mão e ela me olhou da cama e disse "Você pegou aqueles malditos *Cantos* de novo?". "Sim", eu disse a ela, "nós não podemos trepar o tempo *todo*."

*Jack Grapes, editor da revista literária* Onthebus, *publicou um bom número de poemas e entradas de diário de Bukowski em uma seção chamada* A Charles Bukowski Album [Um álbum de Charles Bukowski, em tradução livre]. *Grapes também revisou a poesia de Bukowski.*

# [Para Jack Grapes]
## 22 de outubro de 1992, 12h10

Obrigado pela boa carta e por me deixar ver seu texto sobre *It Catches*. E também por me avisar do álbum. 32 páginas, é um tanto.

Sabe, *It Catches* foi naquela época, e era uma época estranha, e eu nem era jovem mais. E agora há 72 anos em mim e é como tentar superar a fábrica ou uma amante ruim. Sinto que a escrita

## SOBRE A ESCRITA

ainda está aqui, consigo sentir as palavras mordendo o papel, é necessário como nunca [...]. Escrever me salvou do hospício, do assassinato e do suicídio. Ainda preciso disso. Agora. Amanhã. Até o último fôlego.

As ressacas são piores para mim agora, mas eu ainda saio da cama, entro no carro e vou pras corridas. Faço minhas jogadas. Os outros apostadores nunca me incomodam. "Aquele cara não fala com ninguém."

Então, à noite, às vezes está lá no computador. Se não estiver, eu não insisto. A menos que as palavras saltem para fora de você, esqueça. Às vezes, eu não chego perto do computador porque não tem nada vibrando e eu estou ou morto ou descansando, só o tempo vai dizer. Mas estou morto até a próxima linha aparecer na tela. Não é uma coisa sagrada, mas é totalmente necessária. É. Sim. Enquanto isso, tento ser o mais humano possível: conversar com a minha esposa, fazer carinho nos meus gatos, sentar e assistir TV se puder ou talvez só ler o jornal da primeira página até a última, ou talvez só dormir cedo. Ter 72 anos é outra aventura. Quando eu tiver 92 vou olhar para isso e rir. Não, eu já fui longe o suficiente. É muito como o mesmo filme. Exceto que todos nós estamos ficando um pouco mais feios. Nunca pensei que estaria aqui agora, e, quando eu me for, estarei pronto.

# 1993

*Depois de tentar, sem sucesso, sair na revista* Poetry *durante mais de quatro décadas, Bukowski finalmente teve três poemas publicados pouco antes de seu falecimento.*

### [PARA JOSEPH PARISI]
#### 1º DE FEVEREIRO DE 1993, 22H31

Eu me lembro, quando era bem jovem, de me sentar na biblioteca pública de L.A. e ler a *Poetry: A Magazine of Verse*. Agora, finalmente, eu me juntei a vocês. Imagino que fosse um assunto pendente para nós dois. De qualquer forma, fico feliz de ter passado alguns poemas por você. [...]

Obrigado, o novo ano está me tratando bem. O que quero dizer é, as palavras estão se formando e correndo, girando e voando para mim. Quanto mais velho eu fico, mais essa loucura mágica parece me acometer. Muito estranho, mas vou aceitar.

# Nota da tradutora

Ler este volume de cartas se parece com abrir a porta da casa de Bukowski, pegar uma cerveja na geladeira e passar horas brincando com seus gatos e conversando sobre literatura. Embora ele diga muitas vezes nesta coletânea que detesta quando visitas fazem exatamente isso, em suas cartas ele soa não como o ermitão que afirma ser, mas como um interlocutor prolixo e empolgado. São cartas e mais cartas sobre seus escritores preferidos, de quem ele fala com uma repetição obsessiva, sobre o universo das revistas literárias que odeia e sobre como, para ele, escrever é análogo a respirar.

Bukowski afirma em muitas de suas cartas que sempre escreve em fluxo, que produz mais poemas do que qualquer editor poderia publicar e que sua prosa sai quase diretamente da vida real. Ele conta que jamais retrabalha poemas e que, se eles são rejeitados em sua primeira forma, assim ficam.

No entanto, mesmo o poema mais automático ou a prosa mais autobiográfica nascem de uma preocupação artística e trazem em si uma durabilidade que essas cartas não têm. Os textos deste volume foram escritos com ainda menos preocupação estilística e, provavelmente, sem que o autor pensasse que seriam lidos por qualquer pessoa além do destinatário. Isso os torna textos de uma intimidade ímpar, pequenos paradoxos em que Bukowski afirma nunca se esconder atrás da técnica literária, mas que, quando comparados com seus romances, revelam uma voz diferente e evocam não um personagem em aventuras pelo mundo, mas um homem em sua máquina de escrever.

Dessa forma, essas cartas são ao mesmo tempo literárias e instintivas, de óbvio interesse público, mas também escritas na privacidade das relações privadas, o que torna peculiar o trabalho de traduzi-las. Às vezes, Bukowski menciona eventos que o leitor não conhece, ou retoma conversas iniciadas em outras situações. Muitas das cartas são respostas a outras enviadas anteriormente ou reações a conversas tidas ao vivo. É preciso, portanto, imaginar um Bukowski real, o homem circulando em sua vida, para se captar e traduzir muito do que é dito nessas cartas.

O tom de raiva que ele dirige a alguns editores, assim como a admiração pelos escritores amados e o carinho fácil com que escreve para seu editor, John Martin, ou outros amigos de longa data precisam ser captados e transmitidos. As cartas são retratos das relações do homem Bukowski, e compreender e manter o tom que cada uma dessas arrancaria dele exigiu uma convivência íntima com ele.

Traduzir essas cartas exigiu um mergulho na vida de Bukowski — onde ele estava em cada momento, em que tipo de apartamento estaria escrevendo? — e no cenário da época. Como algumas cartas mencionam polêmicas em relação aos seus livros sem explicá-las, foi preciso ir atrás do que aconteceu, o que algumas vezes foi possível, outras não. Com qual mulher ele morava em qual época, o momento em que sua filha aparece na história, tudo isso foi material para entender melhor esses textos e fazer as escolhas que preservariam esse tom peculiar para o leitor.

Bukowski é tão íntimo de seus escritores preferidos que os trata por apelidos, e ajudou tê-los lido, às vezes para entender exatamente do que ele falava quando dizia que Hemingway "perdeu algo" na meia-idade, outras para questionar a defesa que ele faz da liberdade do escritor usando o simpatizante nazista Louis-Ferdinand Céline. Bukowski foi em muitos momentos uma figura anacrônica às políticas de seu tempo (e o é hoje mais ainda), mas as cartas permitem ver a honestidade de seus posicionamentos, a maneira instintiva com que ele defende certas posições e essa rapidez e ferocidade das opiniões foi algo que eu quis muito que orientasse a tradução.

Além das polêmicas, da vida íntima e dos desenvolvimentos políticos, foi preciso participar do mercado editorial da época e aprender sobre a série de revistas literárias para as quais o autor mandou seus contos e poemas. Esta coletânea de cartas mostra como poucos livros a importância que o processo de submissão e aceitação pode ter na vida de um escritor e pincela um panorama do mercado editorial independente. Bukowski passou sua vida sendo publicado pela Black Sparrow Books, uma pequena editora, trocou cartas com Lawrence Ferlinghetti, o lendário editor da City Lights, de São Francisco, e lançou farpas para todo e qualquer movimento literário organizado ou vinculado a uma universidade. Bukowski escreveu em vários sentidos contra a voga literária de seu momento e as cartas mostram exatamente ao que ele resistia. Manter isso foi também uma prioridade e um desafio. Isso porque, especialmente nas cartas da juventude, o autor satiriza o estilo desses jovens cultos da elite, soando pomposo como forma de fazer graça. Quando uma palavra absurda estava ali honestamente ou quando ela era uma ironia? Como preservar essa ambiguidade ou piada para o leitor?

Além do estilo satírico, Bukowski escreve essas cartas com uma ortografia peculiar e as preenche de abreviações inesperadas e brincadeiras com as palavras. Tentei ao máximo preservar essas idiossincrasias.

Bukowski é um escritor profundamente peculiar, com uma voz reconhecível a partir de apenas alguns parágrafos. Neste livro de cartas isso aparece com ainda mais força. Sem as mãos de editores ou os disfarces da literatura, o desafio de traduzir as cartas de Bukowski foi traduzir a voz direta do homem, justamente aquela que sairia quando ele abrisse a boca para falar depois de algumas garrafas de vinho. A convivência foi próxima e nem sempre agradável, ele é, e queria ser, um velho bêbado safado e misantropo. E não queria que as pessoas abrissem sua geladeira atrás de cervejas.

No entanto, é isso que essas cartas são, pequenos fragmentos de uma vida íntima, a escrita mais parecida com um diálogo que se pode ter e foi prioridade desta tradução que o leitor sentisse exatamente isso.

*Isadora Sinay é doutora em Letras pela USP. Trabalha como professora, tradutora e crítica literária.*

# A casca dura de um pássaro azul[*]

Quando recebi o convite para escrever um posfácio sobre este livro de Bukowski, o meu questionamento foi, de imediato, se eu havia algo a comentar que não fosse nutrido pelas tantas críticas amplamente publicadas sobre seus livros e que são fundamentadas, tantas vezes, na controvérsia do seu caráter, colocando em risco ou em segundo e último plano o valor estético e literário da sua prosa e poesia.

Bukowski é um autor problemático de ser analisado. Suas palavras explosivas são pedras e facas lançadas diretamente a muitos leitores e leitoras que, com direito, claro, mas com ou sem razão, classificam sua obra como misógina e amoral. Eu mesma posso especular que ele tenha sido as duas coisas, se partirmos do princípio de que sua prosa e poesia são autoficção. Nesta bela edição de *Sobre a escrita*, que são cartas datadas entre 1945 e 1992 a editores, escritores, amigos ou meros contatos do mundo editorial do seu tempo, há inúmeras passagens confessionais sobre o estilo degradante, incômodo e difícil da sua vida. Já a ideia de classificar sua vida e o autor como imorais não me seduz nem por um segundo.

---

[*] "O pássaro azul" é o título de um poema de Bukowski.

Como escritora e leitora de literatura, faço questão de deixar esse julgamento para quem o deseja fazer, já que eu mesma não sou capaz, por inadequação, preguiça e pelo fato de eu não ser exemplo de nada para ninguém. Ou seja, se para o leitor de Bukowski tanto quanto para ele mesmo, o moralismo é inútil, isso nos apresenta, como consequência, a possibilidade de enxergar a literatura como liberdade. Acredito irredutivelmente nesse conceito que abrange todo tipo de arte. Portanto, ao mergulhar na obra de autores categorizados como misóginos, machistas, preconceituosos, dou a mim mesma, como apreciadora da literatura como arte, a escolha de me deter à narrativa, ao estilo, à estrutura, à temática. Ou seja, me interessa o livro e pouquíssimo o autor, ainda que haja mescla, porque é difícil fazer arte de forma limpa e límpida. Mas a minha escolha não coloca em prova meus valores como cidadã. Afinal, quem saberá meus valores como cidadã senão eu mesma e um pequeníssimo grupo de amigos reais, não virtuais?

Portanto, para ler Bukowski, basta termos a disposição de encarar a sua narrativa como literatura. Não me refiro aqui à subjetividade do gostar ou não gostar de sua obra e seus elementos. Essa abstração pautada na parcialidade não rende fundamentos sólidos para sustentar a discussão do que é ou não uma peça literária. Para, no entanto, facilitar essa experiência nestes tempos que valorizam tanto a obra quanto o seu autor ou autora, a ideia de traçar linhas e espaços cronológicos na análise do livro pode ser necessária para que possamos avançar além dos comentários que podem, com razão, ser interpretados como deslocados, desequilibrados, machistas. É possível que para sorver a beleza da literatura de Bukowski, tenhamos que traçar e fazer uso dessa linha imaginária do tempo e concluir que, de fato, ele escrevia sobre o seu e no seu próprio tempo. Portanto, desequilibrado, deslocado e machista são, de fato, predicados que podem ser aplicados ao autor. Mas será que isso nos basta? Acredito que, ao limitarmos as obras ao inferno que é, geralmente, a personalidade de um autor, estaríamos nos privando de uma discussão rica, interessante e, uma vez tão ultrajante, acaba por ser e se manter original. É possível e interessante ler Bukowski se não nos desfizermos do nosso senso crítico mais inteligente e profundo. Isso não significa que, ao apreciarmos a obra de Bukowski estejamos alinhados com o seu pensamento. Pelo contrário: é possível, com o alcance da apreciação artística e com a capacidade crítica, ler seus textos sem temer ser intoxicados ou convertidos por eles.

Ainda que escolhêssemos seguir o caminho que liga, necessariamente, elementos da obra às características da pessoa que a escreveu, podemos, no caso de Charles Bukowski, elaborar sobre um movimento transformativo de representação, por exemplo, da mulher nas suas narrativas. Seus primeiros trabalhos trazem uma abundância de clichês misóginos e machistas típicos da imaturidade humana e artística. No entanto, suas personagens e sua narrativa desenvolvem, com o tempo, grande complexidade, ambivalência, refinamento, sem deixar de usar como linguagem a clareza e nitidez das palavras. Como comenta a crítica e acadêmica americana Chaymae Achami: "Bukowski inicia seus trabalhos com um chauvinismo óbvio. No começo da sua experiência como escritor, seu texto é transbordado com a imagem selvagem e crua da mulher como objeto desvalorizado servido às personagens masculinas, aos seus prazeres e estereótipos. No decorrer dos anos, sua escrita apresenta uma abordagem mais ambivalente, onde ele representa a mulher de forma mais complexa e independente".[*]

---

[*] ACHAMI, Chaymae. "The Politics of Gender Representation in Charles Bukowski's Poetry: Between Ambivalence and Misogyny". *Journal of Gender, Culture and Society*, vol. 1 no. 1, 2021. DOI: <https://doi.org/10.32996/jgcs.2021.1.1.6>

Nesta edição, o autor de *Misto-quente* e *Mulheres* nos apresenta mais uma vez a crueza da linguagem e a honestidade pura dos pensamentos que parecem morar nas páginas sem qualquer filtro, sem qualquer concessão, sem qualquer consideração que não a verdade dele próprio. A verdade, claro, como esse conceito impreciso. O resultado da integridade do autor para com o desinteresse pelo moralismo é o incômodo e o desconforto de um livro o mais longe possível do que se faz o politicamente correto.

Se, por um lado, haveria a alta probabilidade de Bukowski cair na fogueira nestes nossos tempos em que debater virou sinônimo de ofender, não há dúvidas de que em *Sobre a escrita*, o autor nos fornece preciosidades além de um choque de realidade em relação à função de escrever. O incômodo, da minha parte, vem muito menos de qualquer possível escândalo em relação aos comentários machistas ou violentos, mas melancolicamente por me ver, como escritora, em muitas das tragédias diárias descritas nestas páginas tão viscerais e tão cortantes.

Grande parte das cartas reflete algo muito familiar ao escritor: a humilhação. Por humilhação eu me refiro ao pedido constante de ser lido por editores e, então, ser considerado para uma publicação. A outra camada de insulto, e essa vem com grande tristeza, é a incapacidade do escritor de ter a palavra final. Quando Bukowski escreve a uma editora de uma revista literária norte-americana pedindo uma resposta, sabemos que o silêncio é o veredito. Mas o escritor anuncia que se ela não disser nada, então essa será a resposta quando, na verdade, o silêncio já havia sido enviado. Um jogo de poder e afronta à dignidade de quem escreve. Todos nós, autores, já tivemos nossos manuscritos ou originais rejeitados, e o drama é tamanho que preferimos um não ao silêncio, muito mais comum. Nas correspondências, ele parece exercer de forma conflituosa uma boa dose de paciência

# SOBRE A ESCRITA

— ou insistência. A espera das respostas, o contentamento com as migalhas e a humilhação são inevitáveis porque Bukowski não consegue não escrever. Essa esperança malandra e sem-vergonha que mora em cada escritor, cada artista. É um livro fundamental para quem é e quer ser escritor. Fundamental porque desencoraja, desromantiza, representa o submundo da desvalorização da escrita, algo que parece mais uma característica tristemente atemporal. Uma obra que, na contramão do drama de sobreviver como escritor, traz humor, especialmente a nós que nos vemos na pequenez dramática do que realmente somos.

A grande controvérsia é que um autor tão descompromissado com mensagens e conselhos para quem quer escrever deixa-nos o melhor de todos os recados: não tente.

Ou, se quisermos tentar, pode ser que a lista do poema "Então você quer ser escritor" ajude-nos a finalmente desistir.

Se não irrompe de dentro de você
apesar de tudo,
não faça.
a menos que venha sem pedir do seu
coração e da sua mente e da sua boca
e das suas entranhas,
não faça.
se você tem que se sentar por horas
encarando a tela do computador
ou debruçado em sua máquina de escrever
procurando palavras,
não faça.
se você estiver fazendo isso por dinheiro ou
fama,
não faça.

se estiver fazendo isso porque quer
mulheres em sua cama,
não faça.
se você tem que se sentar lá e
reescrever de novo e de novo,
não faça.
se é cansativo apenas pensar em fazer isso,
não faça.
se estiver tentando escrever como outra
pessoa,
esqueça.

*Nara Vidal é escritora, professora, tradutora e editora.*

# Como um monge bêbado

Uma personalidade vulcânica não consegue se organizar para dedicar-se a uma obra conceitual ou metodológica; isso tanto mais vale se essa personalidade não acredita em métodos nem conceitos. É o caso de Charles Bukowski, que, em matéria de escrita, gostava "de manter a coisa solta e selvagem"[1]. Então, nada mais justo do que imaginar que, em se tratando de reflexões sobre produção literária, não podemos esperar muito. Mas talvez seja possível tatear certa ordem em meio ao caos de seus escritos dispersos.

Quem percorreu as cartas com tal intenção percebeu que o autor, aqui e ali, e de modo anárquico, revela constantes do seu processo de escrita. Contestando uma crítica que chamava um seu poema de "solto, preguiçoso, repetitivo", afirma: "...não consigo TRABALHAR um poema. [...] Não acredito em técnicas ou escolas ou maricas... acredito em agarrar as cortinas como um monge bêbado... e puxar, puxar, puxar...".[2] Esse sintagma adjetivo *monge bêbado* resume muito, ou resume tudo e pode nos servir de fio condutor.

---

1 Para John Martin, 23 de março, 1991.
2 Para Felix Stefanile, 19 de setembro, 1960.

O "bêbado" explica-se por si mesmo, pois bebedeiras estão narradas em quase todas as cartas. Assim, segundo ele, escrevia, e diz acreditar que só assim conseguiria fazê-lo; podemos desconfiar, é claro, mas, com muita sobriedade ele afirma que o poema autêntico nasce de uma violenta necessidade de expressão e por isso será verdadeiro e sacudirá o leitor, despertando-o. O contrário disso, mesmo que a linguagem seja trabalhada e retrabalhada, é sinal de fracasso[3]. Desse modo, Bukowski praticava uma feroz autocrítica, que o fazia jogar no lixo um monte de poemas, comparando-se ao poeta chinês Li Po, que queimava suas coisas (ruins, diz ele) e os deitava rio abaixo[4]. Pudera: se escrevia quase sempre bêbado e seus dedos "saltavam", no dia seguinte estava enjoado demais para ler aquilo tudo e, assim, mandava, sem revisar, para a editora. Com esse argumento, em uma longa carta a Henry Miller, chega ao ponto de quase justificar uma crítica horrorosa da *Grande Ronde Review*, que o acusava de ser vulgar e cometer erros gramaticais[5].

O desregramento da forma – ou ausência de forma – era sua obsessão; daí que debochava daqueles que achavam que a poesia deveria ter um modelo, augurando-lhes "anos difíceis", pois sempre haveria quem os contestasse com novas formas. Unindo a isso, dedicava uma raiva arrasadora contra beletristas, que, além de formalistas, falavam de idealizadas borboletas (quando o poema verdadeiro deveria ter o sangue da vida) e, podemos emendar com uma frase *nonsense* dele mesmo: "Concentrar-se em forma e lógica, 'na construção de frase' parece imbecilidade no meio da loucura"[6], ou, ainda, quando ele afirma que o santuário da regra

---

3  Para Jon Webb, final de janeiro, 1961.
4  Para Marvin Malone, 5 de agosto, 1963.
5  Para Henry Miller, 16 de agosto, 1965.
6  Para John William Corrington, 21 de abril, 1961.

## SOBRE A ESCRITA

nada significa para o criador puro. Termina o pensamento com "forma, forma, forma!! Coloque-a em uma gaiola!"[7].

Tal ferocidade também transparece quando fala de autores que se tornaram professores de escrita criativa: "Agora eles pensam que sabem ESCREVER e vão dizer aos outros como fazer. Isso é uma doença: eles se aceitaram. É inacreditável [...]"[8]. Essa opinião não o impede de se mostrar simpático às oficinas de escrita dramatúrgica. Claro, faz questão de afirmar que se fosse escrever uma peça, seria do modo que bem entendesse, mas salienta: "Isso não é pra dizer que não deveriam existir artigos sobre dramaturgia ou oficinas de dramaturgia"[9].

Em certas missivas, Bukowski deixa escapar que às vezes planejava suas obras, conhecia as técnicas e as utilizava para obter efeito estético. Ao falar sobre o romance *Misto-quente*, diz que ficou elaborando-o em sua cabeça por um mês antes de iniciar a campanha de escrita, e que após terminá-lo esperava "ter passado o senso de ridículo e algum humor"[10]. Ao comentar sobre outro romance, *Cartas na rua*, revela outra vez suas estratégias narrativas: "Escrevi capítulos curtos estilo metralhadora na esperança de dar alguma verve e ritmo e escapar da atmosfera do romance, que eu odeio"[11]. Ao falar de seus poemas, conta que escuta horas e horas de música clássica, o que influencia e alimenta seu processo criativo: "Minha escrita, embora simples em sua forma, é sempre guiada pela música, porque eu escuto enquanto escrevo [...]"[12].

---

7  Para John William Corrington, 21 de abril, 1961.
8  Para Loss Pequeño Glazier, 16 de fevereiro, 1983.
9  Para Gene Cole, dezembro, 1965.
10  Para Carl Weissner, 29 de maio, 1982.
11  Para Carl Weissner,11 de julho, 1970.
12  Para Kevin Ring, 16 de setembro, 1990.

Ao final da leitura, descobrimos que Bukowski reflete, e reflete bem. E, mesmo que use uma linguagem desgarrada, sabe aonde quer chegar. Suas cartas revelam que ele foi um homem culto, dominando disciplinas desde a filosofia à música, passando pela pintura, pela arquitetura, pelo teatro, pelo cinema... Todo esse saber só pode ser adquirido com extremadas rotinas de leituras e reflexões, noites em solitário, tal como um monge em sua cela. E, por isso, tem muito a nos ensinar – a seu modo.

*Luiz Antonio de Assis Brasil é escritor, ensaísta e autor. Ministra a mais longeva oficina de criação Literária do Brasil [PUC-RS].*

# Agradecimentos

O editor e organizador Abel Debritto gostaria de agradecer aos donos das cartas, que incluem as seguintes instituições: Universidade do Arizona, Coleções Especiais; Universidade Brown, Providence, Biblioteca John Hay; Universidade da Califórnia, Biblioteca Bancroft; Universidade da Califórnia, Los Angeles, Coleções Especiais; Universidade da Califórnia, Santa Bárbara, Coleções Especiais; Universidade Estadual da Califórnia, Fullerton, Biblioteca Pollak; Centenary College, Shreveport, Louisiana, Biblioteca de Pesquisa Samuel Peters; Universidade Columbia, Biblioteca de Livros e Manuscritos Raros; Biblioteca Huntington, San Marino, Califórnia; Universidade de Indiana, Biblioteca Lilly; Universidade Estadual de Nova York em Buffalo, Coleção de Poesia/Livros Raros; Universidade Princeton, Nova Jersey, Livros Raros e Coleções Especiais; Universidade do Sul da Califórnia, Coleção de Livros Raros; Universidade do Sul de Illinois, Carbondale, Biblioteca Morris.

Obrigado às revistas nas quais algumas das cartas foram publicadas: *Colorado North Review*, *Event*, *Intermission*, *New York Quartely* e *Smoke Signals*, e também Michael Andre, Gerard Belart, Anthony Linick, Christa Malone e A. D. Winans por nos fornecer outras. Por fim, mas não menos importante, obrigado a Linda Bukowski por tornar este livro possível.

Este livro foi impresso em 2023, pela Vozes, para a HarperCollins Brasil. O papel do miolo é avena 80 g/m².